ビジュアル

日本の服装の歴史

② 鎌倉時代～江戸時代

著◆ 大久保尚子

ゆまに書房

もくじ

I 武士のいでたちと中世の武装　鎌倉時代〜室町時代　4

1◆武家政権の確立と武士の服装　4
2◆中世の武装　9

II 小袖の登場と新たな染織　12

1◆小袖の登場　12
2◆新たな染織技法と美の追求　17

III 戦国大名とかぶき者　安土桃山時代　20

1◆戦国大名の装い　20
2◆かぶき者の登場　22

IV 江戸時代の人びとと小袖　23

1◆小袖とは　23
2◆人生の節目と装い　26
3◆四季と装い　27
4◆身分制度と装い　28

V 江戸時代の武家の服装　29

1◆武家男性の服装　29
2◆武家女性の装い　32

VI 小袖文様の美を求めて　35

1◆小袖文様の見方　35
2◆豪華さを求めて―17世紀初めから中ごろ　36
3◆友禅の登場―17世紀終わりから18世紀中ごろ　38
4◆繊細な美の表現―18世紀中ごろ以降　40

VII 男と女のおしゃれ　43

1◆贅沢をこえたおしゃれ　43
2◆江戸風の登場　44
3◆男女とも好んだ縞や小紋　45
4◆江戸の美意識　46
5◆歌舞伎と流行　49

VIII 庶民の服飾文化　52

1◆働く人びとと旅人の装い　52
2◆ゆかた、手ぬぐい、ふろしき　54

IX 衣服素材の広がりと衣生活のいとなみ　56

1◆絹・麻・木綿の生産と加工　56
2◆舶来染織への注目　59
3◆呉服商の発展　60
4◆衣服の手入れと裁縫　61
5◆古着のリサイクル　61

X アイヌと琉球　62

1◆アイヌの服装とアイヌ文様　62
2◆琉球の服装と染織　63

Ⅰ 武士のいでたちと中世の武装

鎌倉時代〜室町時代

【1】武家政権の確立と武士の服装

平安時代、朝廷や上流貴族に武芸をもって仕えていた武士は、平安時代末には政治権力をもちはじめました。そして12世紀末に鎌倉幕府が成立します。武士はふだんから活動に適した形の服装ですごしました。将軍が朝廷の儀式で、公家の装束である束帯や直衣を着用したのを別とすれば、中世の武士の服装には「狩衣」、「水干」、「直垂」の三つの系統がありました。鎌倉幕府では、狩衣、水干、直垂の順に格付けられましたが、武家政権が成熟するとともに、これらが着用される範囲は変化していきました。

●狩衣

狩衣は、もともとは、平安時代に貴族たちが鷹狩など野外での活動に着たものです。公家服飾の特徴である「盤領」（唐風服飾に由来するスタンドカラー型の襟）の装束ですが、身幅が狭く、袖は後身頃の一部のみに縫いつけられ、両脇があいた、動きやすい形をしています。

狩衣と同じ形で「布衣」とよばれる衣服があります。織文様のあるものを特に狩衣とよび、文様のないものを布衣とよぶことが多いのですが、布衣という言葉で狩衣型の衣服全体を指す場合もあります。布衣は鎌倉幕府では将軍のお供をする場合や、儀式、社交の場などで官位をもつ御家人たちが着用する礼装とされました。頭には立烏帽子をかぶります。

●水干

水干は、形は狩衣によく似ていますが、狩衣は裾を袴の外に出して着るのに対し、水干は狩衣より丈が短く、上衣の裾を袴に入れて着る（着込める）活動的な衣服です。襟は紐で結んでとめるため、襟を内側に折り込んで「垂領」の形（きものと同じＶ字型の襟合わせ）に整えて着ることもできます。襟元を垂領状に整えて上衣を袴に着込める着方は、直垂（6ページ）に近いもので、活発な動作に適しています。水干は、公家が着ていた狩衣と武家ならではの直垂の中間的な性格をもつといえます。水干には縫い目のほころびやすい箇所に「菊綴」がついています。菊綴は縫い目の上から綴じつけた組紐の端をほぐしたもので、補強と装飾を兼ねていました。

水干は、もともとは質素なもので、平安時代から貴族に仕える武士や召使い、庶民が着

ていました。また貴族たちが遊びの場で水干を着ることもありました。平安時代末、源平の合戦の始まりを伝える『吾妻鏡』には、源頼朝が高倉宮からの令旨を謹んで読むにあたって、水干を身につけたことが書かれています。このころにはすでに、水干が武士の公的な服装になっていた様子がうかがわれます。鎌倉時代になると、武士の水干は幕府へ出仕する時のいでたちとされ、礼装として武芸にかかわる儀式などにも用いられました。礼装となった水干には上等な素材が使われるようになります。

●武士の礼装としての狩衣と水干

(『後三年絵巻物』 1347年 模本 国立国会図書館デジタルコレクション)
源義家とみられる右の人物は狩衣に立烏帽子の姿で朝廷からの手紙を読んでいる。そばにひかえる武士は襟元を折り込み、垂領型に着装した水干に折烏帽子の姿である。

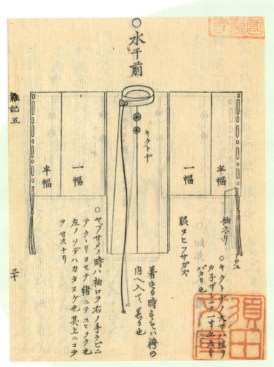

●水干上衣

(伊勢貞丈 『貞丈雑記』五之下 1843年 国立国会図書館デジタルコレクション)
盤領で、袖付けは後身頃の一部のみ縫われ、袖口に括り緒(紐)を通し、脇があいている点は狩衣に似ているが、襟の留め具が長い紐なので自由が効き、襟を折り込み垂領風の着装もできる。縫い目補強と飾りを兼ねた房飾り状の菊綴も特徴。

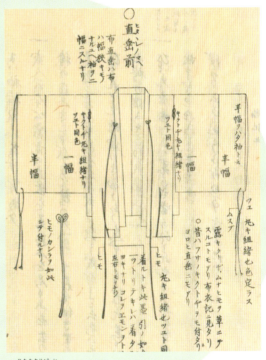

●直垂上衣

(伊勢貞丈 『貞丈雑記』五之上 1843年 国立国会図書館デジタルコレクション)
垂領で、左右をきもののように合わせて胸元の組緒を結び、袴に着込めて着装する。脇の下部はあいているが、袖は前後とも身頃に縫いつけられ、8の字形に結んだ組緒の菊綴がほどこされる。袖括りは略され、「露」と称する組緒を垂らす形式となる。

5

●直垂

　直垂（5ページ下の右図）は狩衣や水干とは異なり、垂領とよばれるまっすぐに下がった襟の衣服で、左右の襟を前でV字型に合わせ、胸紐を結んで着ます。菊綴はありますが、水干のような房飾りにはなっていません。垂領の上衣は両脇があいており、丈が短く、袴の中に着込めます。身体にそった上衣と袴の組み合わせは、活動性が求められる武家ならではのものです。

　直垂はもともとは庶民や武士の実用着でした。平安時代末から鎌倉時代の初め、12世紀から13世紀にかけての絵巻物には、庶民や下級武士の服装として、直垂の原形とみられる袖の細い上衣と小ぶりの袴が描かれています。しかし鎌倉時代、13世紀の文献では直垂は上級武士にも出仕の時をはじめ広く用いられるようになっています。13世紀末以降の絵巻物にも袖や袴がゆったりとした直垂を上級武士が着ている姿が描かれています。たとえば『一遍上人絵伝』には、鎌倉の路上で執権北条時宗が一遍上人と出会う場面が描かれていますが、馬に乗った時宗とお供の上級武士はいずれも広い袖の直垂姿です。鎌倉幕府の権力が確立するなかで、武士が古くから着ていた直垂の形が整い、社会のなかでの格付けが高まっていったものと考えられています。

室町時代の直垂、大紋、素襖

　室町時代になると、武士本来の衣服である直垂が武家の服装の中心となり、儀式から日常まで、さまざまな場面で着られるようになります。着用される範囲の広がりにともない、直垂の系統は種類が枝わかれします。

　室町時代には、絹製の直垂が、有力な武家の出仕や儀式で着られるようになりました。上衣と袴がお揃いの絹地で作られ、袴の腰（腰紐のこと）は白とされました。重要な儀礼には、裾を引く長袴を合わせます。本来武家が着るものであった直垂ですが、室町時代には幕府と近い関係にある公家も着用しました。

　「大紋」は麻布製の直垂で、大きな家紋を上衣と袴に染めたものです。上下揃いの布

●武士の公服としての直垂
（『一遍聖絵』 1299年 模本 国立国会図書館デジタルコレクション）
1282年（弘安5年）鎌倉に入った一遍上人が出会った北条時宗一行の姿。馬上の時宗、騎馬で随う武士、徒歩の者、いずれも折烏帽子に直垂。

で作り、重要な儀礼には長袴を合わせます。袴の腰はやはり白です。

「素襖」は武家の日常的な衣服としても着られた麻布製の直垂です。胸紐と菊綴が革製であること、袴の腰が袴と同じ布であることが特徴です。無地のほか模様染めの生地を用いる例もみられます。重要な儀礼には上衣と同じ布の長袴をつけます。

直垂の格が高まったことで、狩衣は、武家社会では重要な儀礼の時にのみ着用される礼服となります。水干は、室町時代には公家社会で元服前の少年の装束とされました。また、公家では成人が私的な装いとして着ることもありました。

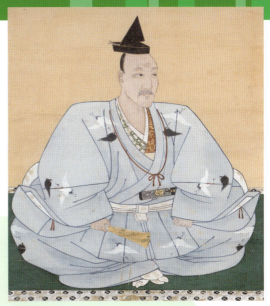

●直垂
(「北条氏康画像」 東京大学史料編纂所所蔵模写 原本：金湯山早雲寺蔵)
直垂を着た北条氏康(1515〜1571年)の肖像。上衣の左右後ろ袖と胸、袴の相引と前膝には家紋ではなく、おめでたい鶴亀の紋があらわされる。襟元から中に着た片身替りの小袖(18ページ)がみえ、折烏帽子をかぶり足袋をはく。

●素襖
(「浅井久政画像」 永禄12年・1569年讃 東京大学史料編纂所所蔵模写 原本：高野山持明院蔵)
素襖を着た浅井久政(1526〜1573年)の生前に描かれた肖像。小紋を染めた上下揃いの素襖を着て折烏帽子をかぶっている。違い扇紋があらわされているが、直垂、大紋と異なり袴の前膝には紋はない。

●大紋
(「毛利元就画像」 天正19年・1591年讃 東京大学史料編纂所所蔵模写 原本：公益財団法人毛利奉公会蔵)
毛利元就(1497〜1571年)の肖像。大きな家紋を所定の位置に入れた大紋を着用。袴の腰が白いことからも大紋とわかる。折烏帽子をかぶり足袋をはく。

武家故実書

室町時代には武家の習わしや作法をまとめた武家故実書が書かれ、武家の装いに対する考え方や約束事が伝えられています（『御供古実』、『宗五大草紙』）。たとえば「衣装は若い人でも年の程より少し地味にするのがよい。」「身分の軽い供まわりの者は人の目に立つような装いがよく、身分のある人は目立たないのがよい。」とあるのは、身分ある武士は自らは派手に目立つのではなく、主人の威光を示すためにお供を着飾らせるという考え方によるものです。また「片身替」（身頃の左右で色柄を変えて仕立てること）や「辻が花」（18ページ）に代表されるような華やかな衣装は、少年と女性が着るもので、成人男性は着るべきではないとも考えられています。

ただし武家故実書に記されたあるべき姿から大きく外れる風潮もありました。鎌倉幕府崩壊後の建武年間（1334〜1338年）ごろ、「ばさら」と自称して度を超した華美を好み、人を驚かせるような振る舞いをする武士たちがあらわれたことがありました。さらに16世紀後半には、名だたる武将たちが人目に立つ装いを競うようになります。装いに対する考え方の変化が明らかになっていきます。

◆烏帽子

中世、15世紀末ごろまでは、基本的に成人男性は常にかぶり物を身につけていました。そのなかでも烏帽子は代表的なもので、さまざまな種類があります。鎌倉時代の上級武士の礼装としての狩衣には、公家の私的服装に使われてきた立烏帽子（高く立てた烏帽子）を合わせた様子が肖像画にみられます。直垂系統の衣服を武士が着る際、公家からむかえられた将軍などが立烏帽子をかぶる例もありましたが、一般的には折烏帽子をかぶりました。折烏帽子は柔らかな烏帽子を折りたたんだもので、活動向きのかぶり物として武士に用いられ、やがて様式化し、漆で塗り固めた侍烏帽子も生まれました。水干に合わせるかぶり物は、着る人の身分、場面により立烏帽子、折烏帽子、萎烏帽子（漆で塗り固めない烏帽子）などさまざまでした。

立烏帽子

折烏帽子

萎烏帽子

（『法然上人伝』 14世紀　模本　国立国会図書館デジタルコレクション）

2 中世の武装

　いくさを本分とする武士にとって戦場でのいでたちには、活動性と身を守る役割のほかに社会的、精神的な意味が求められました。『平家物語』をはじめとする軍記物語には武将たちの華麗な甲冑や鎧直垂が描かれています。武士の日常には質実さが重んじられましたが、武将たちのいくさのいでたちは命を懸けて戦う覚悟をこめた晴れ姿であると同時に、その人物がだれか、どのような立場かを示す役割を担っていたようです。

●大鎧と胴丸
(『蒙古襲来合戦絵巻』13世紀末　模本　国立国会図書館デジタルコレクション)
文永・弘安の役（1274年・1281年）での肥後国御家人竹崎季長の戦いを記録した絵巻のうち、弘安の役に出陣する季長一行を描いた場面。馬上の季長、石垣の上に座る武将たちは華麗な大鎧をつけている。季長は赤威、石垣中央の菊池武房は逆沢潟威の鎧に赤地錦の鎧直垂をのぞかせている。これに対し、薙刀や大熊手をになう徒歩の雑兵は身軽な鎧（後世「胴丸」とよばれる）をつけている。

● 鎧直垂

「鎧直垂」は鎧の下に着る直垂で、着込みやすいよう袖を細くして、袖口や袴の裾に括り緒を通した専用のものでした。麻布製のほか、通常の直垂には用いない錦や金襴などの豪華な素材で仕立てられることもありました。

● 鎧直垂

(「足利尊氏画像(伝)(足利義尚画像)」 東京大学史料編纂所所蔵模写 原本：霊鷲山長母寺蔵)
鎧直垂に小具足(部分的な防具)をつけた騎馬武者像。この上から鎧を着装する。括り緒を絞った細身の袖、菊綴など鎧直垂の特徴がみてとれる。赤色地に金で桐唐草文様を織りだした赤地金襴の鎧直垂は特別な立場の武将であることを示す。

● 大鎧・胴丸

鎧は、戦闘形式とのかかわりで変化していきました。馬に乗り弓矢で戦うのに適した大鎧は、騎射戦が中心であった平安時代から鎌倉時代に多く用いられました。しかし室町時代になると刀、薙刀、槍などを使って戦う徒歩打物合戦が多くなります。そこで重量のある大鎧ではなく、より軽い徒歩戦向きの腹

● 赤糸威大鎧

(「赤糸威大鎧(竹虎雀飾)」 国宝 春日大社蔵)
鎌倉時代から南北朝時代(13～14世紀)の製作とみられる赤糸で威した大鎧。飾り金物は、住処である竹藪に集う雀、竹に虎などがモチーフ。弦走(胴の前側部分)などには獅子に牡丹の文様を染めた革(絵革)が用いられている。大鍬形(兜正面の立て飾り)をつけた兜と一式。

巻、胴丸が武将にも用いられるようになりました。

これらの鎧のおもな部分は小札（革または薄い鉄の小さな細長い板）を組紐や革製、布製の緒（紐）でつづり合わせて作られています。小札をつづることを「威す」、上下に通した組紐などを「威毛」といい、その配色や文様に工夫を凝らしました。

●紺糸威胴丸
（「紺糸縅胴丸具足」 室町時代 16世紀 建勲神社蔵 重要文化財 京都国立博物館寄託）
一続きの胴回りを右脇で引き合わせたこのような鎧は、鎌倉時代以前には徒歩の兵士が用いたが、室町時代以降、上級武士も用いはじめた。なお今日「胴丸」とよばれるこのような鎧は、中世には「腹巻」とよばれた。

II 小袖の登場と新たな染織

【1】小袖の登場

　中世の服装にみられる大きな変化の一つは表着としての小袖の登場です。小袖は貴族たちが着ていた袿などの袖口が大きくあいた衣服（広袖の衣服）にくらべ、袖口も袖自体も小さく仕立てられています。平安時代末には広袖の衣服の下に着るようになりました。同時に、民衆のあいだでは筒袖（筒のような単純な形の袖）の衣服が古くから着られていました。小袖は16世紀には表着として完成されて、広い層の人びとに小袖を中心とする装いが広まっていきます。ここでは下重ねの衣服であった小袖が表着として完成されていく様子をみてみます。
　小袖を表に出して着る着方への変化（小袖の表着化）は女性の方が男性よりもはやく、鎌倉時代以降、公家や武家の女性のあいだで進んでいったようです。小袖を着て袴をはき、上から単と重袿を重ねる姿、さらに小袖袴に単と袿一領のみを着る着方（衣袴、裸衣）が宮中でおこなわれるようになり、公式の場以外では袴も略されるようになります。また小袖の上から湯巻（巻スカート）や裳袴（スカート状の裳）という腰裳をまとうこともありました。こうして小袖に袿のみ、また小袖のみ

小袖に湯巻をつけた女性。

を重ねる着方（着流し）があらわれたとみられます。
　『春日権現験記』をはじめとする14世紀前半の絵巻物をみると、邸宅内の場面では身分ある女性は小袖に袿、主人に仕える立場の女性は小袖に湯巻あるいは裳袴をつけた姿や、さらに略装にして小袖に帯をしめただけの姿です。また、屋外では小袖を被衣にしてかぶった女性もみられます。
　男女児や元服前の少年は小袖に帯、小袖に袴（少年の場合）の姿で、表着として小袖を着ていた様子が描かれています。
　これらに描かれた小袖はまだ袂の丸みがあまりなく、袖口も小さなものです。また、庶民の衣服としては男女ともに袂のない筒袖の衣がみられます。ただしこの時期の絵巻物では、身分ある成人男性は小袖を露出していません。

● **『春日権現験記』に描かれた服装**
(『春日権現験記』1309年　板橋貫雄模写　1870年　国立国会図書館デジタルコレクション)

机に向かい読経する女性は小袖の上に袿をはおった姿。簀の子にいる女性は小袖着流し、外で働く女性は小袖に短い腰布を巻く。

丈の短い筒袖の衣を着た物売りの男。

公家の子どもたち。女児あるいは袴着前の幼い男児は小袖に細い帯をしめた姿(左端)、少年は小袖に袴(左から二人目)。右の少年と立烏帽子をかぶった大人は水干を着ている。

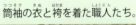

筒袖の衣と袴を着た職人たち。

武家女性の小袖

室町時代中ごろになると、武家女性には小袖中心の装いが定着します。15世紀終わりから16世紀初めごろの武家女性の装いのしきたりを伝える資料によれば、室町御所の女性たちが公家風の袿や裳、袴をつけるのは特別な儀礼に限られ、礼装も日常の装いも小袖型の衣服で成り立っていたようです。夏以外は「打掛」（「かいどり」ともいう。小袖に帯をした上から別の小袖を重ねはおる着方）＊、夏は「腰巻」（夏用の裏地のないきものである帷子を着た上から特別な夏のきものを腰に巻く着方）＊＊を礼装としました。

＊重ねはおる小袖自体を「打掛」「かいどり」とよぶ。
＊＊腰に巻くきもの自体を「腰巻」とよぶ。

小袖の表着化の広がり

16世紀前葉に書かれた武家故実書には、小袖＊＊＊、袷＊＊＊＊、帷子＊＊＊＊＊という小袖型の衣服による1年間の衣更えが記されています。「これは殿中のことだが京中でもおよそ同様」とあり（『宗五大草紙』）、このころには小袖を中心とした服装が広がっていました。

＊＊＊小袖　狭い意味では特に絹地で仕立てた綿入れのきものを小袖とよんだ。
＊＊＊＊袷　裏地付きで綿を入れないきもの。
＊＊＊＊＊帷子　麻地や生絹地などで仕立てた裏地なしのきもの。

武家男性の小袖と肩衣袴

武家男性の服装では「肩衣袴」の登場が注目されます。袖のない垂領の上衣である「肩衣」と袴を合わせたもので、中に着た小袖をみせる服装です。肩衣は、もともとは軽い武装でしたが、15世紀後葉から16世紀前葉の武家故実書には、直垂や素襖とならび肩衣袴の作法についての記述があり、ふだんから着られた様子がうかがえます。16世紀になると絵のなかにも小袖に肩衣袴の服装が描かれるようになります。

●『十二ヶ月風俗図』（1月）
（『十二ヶ月風俗図』正月（部分）
伝土佐光吉　16世紀後半　重要文化財　山口蓬春記念館蔵）
町衆の正月風俗。幼児、少年、少女の小袖は袖付け下部をあけた振袖仕立てである。はねつきをする少女は振袖着流し、左の毬杖（正月の遊び）をする少年たちは振袖に袴姿。少年の振袖には左右身頃の柄を変えた片身替りもみられ、路上中央の女性の小袖は辻が花風。

描かれた小袖

16世紀前葉、1525年ごろの京都の様子を描いた『洛中洛外図屏風』には、直垂系の服装は特別な権力者や将軍の御所に参内する人物など武士の礼装、また武芸の装束として描かれています。一方、肩衣袴は、武家の従者の服装ですが、主人にも着られることがあり、武士の日常生活になじんでいた様子がわかります。私的な宴の場面では、主人格の身分ある男性が小袖の着流しに胴服とよばれるはおり物をはおった姿もみられます。女性はほぼ小袖姿で、小袖を被衣にして外を歩く姿や、打掛姿もみえます。民衆は男女とも小袖です。

● 『洛中洛外図屏風』に描かれた服装
（『紙本著色洛中洛外図屏風（歴博甲本）』 室町時代後期 16世紀前期 重要文化財 国立歴史民俗博物館蔵）
京都の町の景観を描いた洛中洛外図屏風のうち現存最古と考えられる作品。小袖の表着化が進み、武家男性にも小袖をあらわした肩衣袴の装いがみられる。

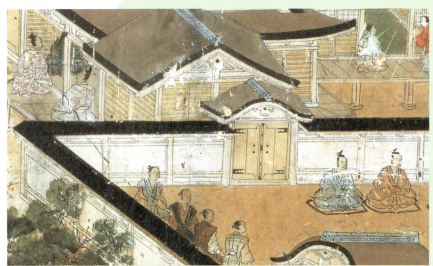

足利義晴の幕府（柳の御所）、左上の会所では折烏帽子に直垂型の衣服の人びとが将軍を訪れている。外で順番を待つ上級武士は折烏帽子に直垂型の衣服、お供の者は肩衣袴。肩衣袴は直垂より低い位置づけとわかる。この屏風では幕府に近い関係の公家も武家風の直垂型の衣服で描かれている。

幕府の奥の建物には打掛姿の女性（左）がみえる。

自邸で輪鼓（曲芸の一種）を眺める肩衣袴姿の武士。上級武士も略装として肩衣袴を身につけている。

通りに面した見世先。身分ある女性は外出の時、左のように被衣として小袖型の衣を頭からかけた。見世の女性は小袖着流しで、後頭部に髪を結いあげている。

● 肩衣袴・胴服・羽織

　16世紀に描かれた武士の肖像画に注目すると、直垂、大紋、素襖の姿で描かれている一方で、16世紀中ごろ以降は肩衣袴の姿で描かれたものもあります。このことから肩衣袴の格付けがあがり、公的な場面での着用が広がったことがわかります。

　1583年（天正11年）、信長の一周忌に描かれた織田信長像は、武家の公的な服装として位置づけられた安土桃山時代の肩衣袴姿を伝えています。肩衣袴は上下同じ布で仕立てるのが正式で、これは江戸時代の武士の裃の前身です。

　肩衣袴を着る場合、これまでの武家や公家の男性の服装では欠かすことのできなかった烏帽子をかぶらないのが基本で、日常的に月代＊を剃るようになりました。

　16世紀後半、小袖が武家男性の表着となるにともない、「胴服」「羽織」などとよばれた略装用の外衣（はおり物）が発達します。これらは江戸時代の羽織の前身ですが、形は定まっていませんでした。

● 打掛姿・腰巻姿

　16世紀後半の武家女性の肖像画には礼装としての打掛（かいどり）姿、腰巻姿がみられます。

　このように、16世紀末までには男女ともに礼装もふくめ、小袖中心の服装が完成しました。

＊**月代**　額から頭頂部の髪を剃りおとすこと、またその部分。

● **肩衣袴の織田信長**
（「紙本著色織田信長像」　狩野元秀（宗秀）　重要文化財　集雲山長興寺蔵　提供：豊田市郷土資料館）
本能寺の変の翌年の1583年（天正11年）に描かれたもの。上下揃いの肩衣袴の肩衣には五三桐紋が染め抜かれ、袴は腰に二引両（2本筋）を染め抜いた長袴（長く裾を引く儀礼用の袴）。肩衣の左右身頃を裾で重ね合わせる着方などは江戸時代の裃と異なる。地紋のある白小袖は高い位の者だけが許された白綾地の小袖。

● **武家女性の打掛姿**
（「細川昭元夫人画像」　東京大学史料編纂所所蔵模写　原本：大雲山龍安寺蔵）
1582年（天正10年）に亡くなった細川昭元夫人（お犬の方、織田信長の妹）を偲ぶために描かれた肖像画。一番上につけた打掛は紅筋、花と摺箔風の金彩の取り合わせ、白無地を段替りに配置したもの。

● **武家女性の腰巻姿**
（「浅井長政室［織田氏］画像」　東京大学史料編纂所所蔵模写　原本：高野山持明院蔵）
1583年（天正11年）に亡くなった浅井長政夫人（お市の方、織田信長の妹）の没後に描かれた肖像画。地紋のある白小袖以下4枚の小袖を重ねた上から、紅地立涌に丸文をあらわした小袖を腰巻にしている。

【2】新たな染織技法と美の追求

●唐織・刺繍・摺箔・縫箔

　表着となった小袖にはさまざまな染織技法が取りいれられました。公家の衣服には紋織物*が好まれていましたが、その伝統の上に位置づけられるのが「唐織」です。唐織は色とりどりの緯糸（よこ糸）を刺繍のように浮かせて文様を織りだします。唐織は公家にも使われていましたが、武家では特別な地位の人びとだけが着ることを許されました。

　刺繍（「繍」とよばれた）は古くからある技法ですが、室町時代から桃山時代の小袖には「摺箔」とあわせて用いたものが多くみられます。摺箔は金箔や銀箔を生地に摺りつける技法で、摺箔だけで文様をあらわすこともあります。

　刺繍と摺箔をあわせた技法を「縫箔」とよびます。桃山時代の縫箔の小袖には四季の自然に取材した文様を刺繍であらわし、そのすきまを金の摺箔で埋めたものが多くみられます。

＊**紋織物**　きれを織る段階で経糸、緯糸を操作して文様をあらわした織物。織り糸の操作に複雑な技術を必要とする。

●唐織の小袖
（「紅地雪持橘文様唐織小袖」　桃山時代　16世紀　重要文化財　京都国立博物館蔵）
唐織の技法で、雪が積もった橘の折り枝と菱形の花の枝文様が、配色を変えながらくり返し織りだされる。

●縫箔の小袖
（「白地松鶴亀草花文繍箔肩裾小袖」　安土桃山時代　16世紀　重要文化財　大阪府泉大津市立織編館蔵）
安土桃山時代のものと考えられる子ども用の縫箔の小袖。肩と裾に文様を置く肩裾の構図で洲浜形とよばれる曲線をかたどり、松竹梅、鶴亀、草花などの文様が刺繍であらわされる。身幅が広く袖幅が極めて狭い形はこの時代の小袖の特徴。

●辻が花・小紋染

一方、小袖類には公家の服飾文化では低い位置づけであった染めによる文様が取りいれられるようになります。「辻が花」は室町時代から桃山時代に好まれた模様染めの種類です。15世紀、16世紀の文献には「辻が花」はもっぱら帷子（14ページ）の染文様として登場しますが、今日では絹地のものも「辻が花」とされています。現在「辻が花」とよばれているのは植物をはじめとする文様の輪郭を細かく縫い締めて染め分ける絞り染め技法です。多くの場合、繊細な墨絵が描き添えられ、摺箔が加えられることもあります。

型染**は、これまでも麻地の直垂などにみられましたが、帷子や肩衣袴にもみられるようになり、16世紀後半には型紙を使って細かな文様を染めた小紋染***の実物が確認されています。

●片身替り・段替り・肩裾

文様の構図（配置のしかた）にも特色があります。桃山時代の唐織や縫箔の小袖には身頃の左右で色柄を変化させた「片身替り」、さらに片身を上下の段に区分けした「段替り」など、変化に富んだ豪華さが好まれました。

自由な構図が選べる刺繍や摺箔、そして辻が花には肩と裾に文様を置いた「肩裾」、また小袖全体を大きくとらえた構図もみられます。小袖には古典的な織文様とは異なる新しい美が追究されたのです。

**型染　型を使って文様を染める技法。
***小紋染　文様を彫った型紙を生地にあて、その上から防染のための糊を置いていき、その後染める技法。糊を置いたところは染料がしみこまず、白く染め残る。

●辻が花の小袖
（「白練緯地石畳草花模様辻ヶ花染・紫練緯地草花模様辻ヶ花染小袖」　安土桃山時代　国立歴史民俗博物館蔵）
安土桃山時代ごろの製作と考えられる辻が花の小袖裂2点。右の裂は数色を染め分け、ぼかし入りの墨描きを加えたもの。左の裂は単色の絞り。

●武家男性の小袖、胴服
（『観楓図屏風』第1・2扇　狩野秀頼　室町～安土桃山時代　16世紀　国宝　東京国立博物館蔵　Image:TNM Image Archives）
楓の紅葉を眺めて遊ぶ武家の男性たちは、思い思いの小袖に胴服や肩衣袴を重ねている。左下の人物の袖なしのはおり物は小紋染。

名物裂とヨーロッパの織物

　中世から近世初期にかけて、外国からも新たな染織品が入ってきました。中国（宋、元、明）で織られた金襴、緞子、間道などの絹織物は室町時代以降、特に茶の湯の世界で愛好されて、茶入れを入れる袋（仕覆）や掛軸を仕立てるのに使われました。これらの裂は江戸時代には「名物裂」とよばれ、大切にコレクションされました。外国の珍しい裂は武将たちの胴服などに用いられることもありました。

　16世紀半ば以降には、南蛮船によってラシャなどの毛織物やビロードなどヨーロッパの織物が入ってきます。これらはこの時期に注目を集めただけでなく、江戸時代以降も輸入され続けました。

西陣のはじまり

　高度な技術を必要とする絹織物は、古代の律令制の下では織部司という役所が管理して織られていました。そのような技術を受け継いだ織り手によって、中世の京都では民営の性格をもつ高級絹織物の生産がはじまります。1467年から1477年にわたっての応仁の乱の後、一時京都を逃れていた職人たちが、西陣（西軍総大将山名宗全の陣屋のあった場所）周辺に集まり、織物産業の町西陣の原形が生まれます。職人たちは、新たに外国から入ってきた織物の技法も取りいれ、江戸時代以降、高級絹織物の産地として発展していきます。また室町時代後期には日本で木綿栽培が広がりはじめたことも、衣生活に大きな変化をもたらしました。

●金襴や緞子を集めて仕立てた胴服
（「金銀襴緞子等縫合胴服」　16世紀　上杉神社蔵）
上杉謙信所用と伝えられる胴服。金襴、銀襴、緞子、繻子、綸子など舶載品とみられる絹織物を不定形に切って継ぎ合わせている。

●辻が花の小袖と小紋染の素襖
（「武田信玄像」　長谷川信春　桃山時代　重要文化財　高野山成慶院蔵）
武田信玄（1573年没）の生前に描かれた肖像画。小紋染の素襖の下に18ページの辻が花染に通じる染文様の小袖を着る。辻が花は大人の男性にはふさわしくないとする武家故実書で述べられた考え方からの変化がうかがえる。

Ⅲ 戦国大名とかぶき者

安土桃山時代

【1】 戦国大名の装い

　16世紀後半から17世紀初めには、装いに対する意識にも変化がみられます。身分のある武士は日常は目立たない装いをすべきであるというこれまでの考えかたとは逆に、この時期の武将たちは他にさきがけて人目に立つついでたちを追求しました。

●辻が花の胴服
（「辻が花丁子文胴服」　桃山時代　銀峰山清水寺蔵　京都国立博物館寄託）
石見銀山の山師であった人物が1603年（慶長8年）に徳川家康から拝領した胴服。縫い締め絞りの技を駆使して複雑な輪郭を染め分けた辻が花である。

●ペルシアの生地で仕立てた陣羽織
（「鳥獣文様陣羽織」　桃山時代　16世紀　重要文化財　鷲峰山高台寺蔵　京都国立博物館寄託）
豊臣秀吉が用いたとされる陣羽織。戦う動物や獅子、虎、孔雀などの姿が綴織の技法で色鮮やかに織りだされた生地は、もともとはペルシア産のカーペットであったと考えられている。

　武将たちの胴服や、陣中で着用する陣羽織のデザインには、二つとない個性的なものや大胆奇抜なものが目立ち、めずらしい舶来裂を使うなど、素材、技法にもさまざまな試みがみられます。
　武将たちは南蛮人（ポルトガルなどのヨーロッパ人）の風俗にも関心をもち、ヨーロッパからもたらされるラシャなど毛織物を陣羽織に用いたり、南蛮人の衣服や小物そのものを取りいれたりしました。来日したイエズス会宣教師の記録は、織田信長や豊臣秀吉らが

ヨーロッパの帽子やマントを好んだ様子を伝えています。合羽（マント＝capaに由来）、かるさん（南蛮人のズボン＝calçãoに似た袴）などは南蛮人の衣服を模倣し、日本の生活に根付いた例です。

● 当世兜

（「三宝荒神形張懸兜」
室町時代末期　16世紀
仙台市博物館蔵）
上杉謙信が用いたとされる兜。三宝荒神という怒りの形相をあらわす三面の神の姿をかたどった装飾を兜鉢の上につける。

● ビロードのマント
（「赤地牡丹唐草文様天鵞絨マント」　16世紀　上杉神社蔵）
赤い紋ビロード地のマント。イエズス会宣教師フロイスの『日本史』に記された、異国の品を好んだ織田信長への献上品の例にも「緋の合羽」（赤いマント）がみられる。

● 当世具足

　このころから「当世具足」とよばれる新しい種類の甲冑が広まります。兜、胴、小具足（部分的な防具）の一式ですきまなく体を包むことが特徴です。この背景には槍を用いた集団戦の広がりと、16世紀中ごろ以降の鉄砲の普及があります。軍勢の目印となる旗などを鎧の背に取りつけたり、太陽や月、動物の角などの立物を飾った兜、西洋の鎧を模倣した南蛮胴など、周囲を圧倒するような奇抜なデザインがみられることも、当世具足の特色です。

● 当世具足
（「黒漆五枚胴具足　伊達政宗所用」　桃山時代〜江戸時代初期　重要文化財　仙台市博物館蔵）
伊達政宗が用いたと伝えられる具足。全体が鉄地に黒漆塗りで統一され、威の糸は藍色。重厚さのなかで兜の前立の細く伸びた月形が鋭い印象を与える。

21

[2] かぶき者の登場

　これまでの常識を打ち破るような装いは武将たちに限らず、このころの時代精神のあらわれでもありました。慶長年間（1596～1615年）には「かぶき者」といわれる風変わりな出で立ち、振る舞いの若者たちがあらわれて世間を騒がせました。女性の演者が彼らを模倣した男装で演じる「かぶき踊り」の舞台姿図からは、異国趣味も交えたかぶき者風俗とととともに、時代の熱気が伝わってきます。

●かぶき者の装い
（『歌舞伎図巻』　下巻　17世紀初期　重要文化財　徳川美術館蔵　©徳川美術館イメージアーカイブ／DNPartcom）
『歌舞伎図巻』は、出雲のお国が演じた「かぶき踊り」にならった初期の女歌舞伎を描いた作品。
左図：髪を若者風に結い、豪華な織物の衣装を重ね、ロザリオをかけ、金の瓢箪や巾着を腰から提げた派手ないでたちで舞台に立つのは、かぶき者風の男性を演じる女性。
右図：異国の人びともまじる見物の群衆のなかには、舞台上の装いと似た「かぶき者」の姿がみえる。南蛮風の襞襟をつけた姿も描かれている。

Ⅳ 江戸時代の人びとと小袖

１ 小袖とは

　江戸時代の人びとの装いの基本となったのは身分や性別にかかわらず小袖でした。「小袖」は狭い意味では、絹地製で、裏地をつけ真綿（繭をのばして作った綿）を薄く入れたきものをさしますが、小袖型のきもの全般をさす語としても使われました。小袖は反物の幅を活かして四角い布を縫い合わせて平面的に構成されており、立体的な洋服にくらべ単純な形です。小袖の基本形は現代のきものにも受け継がれていますが、丈や幅のバランスは変化しています。

● **17世紀前半の小袖と帯**
（岩瀬百樹 『歴世女装考』 1855年 国立国会図書館デジタルコレクション）
江戸時代初期の小袖は身幅が広く袖幅が狭い。図は女性だが、小袖の丈は男物と同様に対丈で、細い帯をしめている。

● **17世紀末の女性用小袖と帯**
（『姿絵百人一首』 菱川師宣 1695年 国立国会図書館デジタルコレクション）
裾を引く丈の小袖に幅が広い帯をしめている。帯は歌舞伎の女形上村吉弥が流行らせた吉弥結びとみられる結び方である。

23

男女の小袖と女帯の変化

　江戸時代初期までの小袖は、中期以降のものにくらべ身幅が広く袖幅が狭く、また男女ともほぼ対丈（着る人の身丈に合わせた丈）で、細い帯をしめていました。袖口が小さく、袖の裄の丸みが大きいのも江戸時代初期の小袖の特徴です。

　17世紀終わりごろには小袖の身頃が狭まり袖幅が広がっていきますが、同時に女性の小袖は丈が長くなりました。あわせて帯の幅も広くなります。女性は室内では小袖の裾を引き、外出時や活動する時には抱え帯という細帯で身頃をたくしあげ、丈を調節しました。今のおはしょりの始まりです。大人の小袖は男女とも身八つ口（身頃の脇あけ）のない仕立てでしたが、幅の広い帯をしめるようになった女物は幕末期には身八つ口のある仕立てとなります。男性は身八つ口のない小袖に幅の細い帯をしめる着方が続きました。

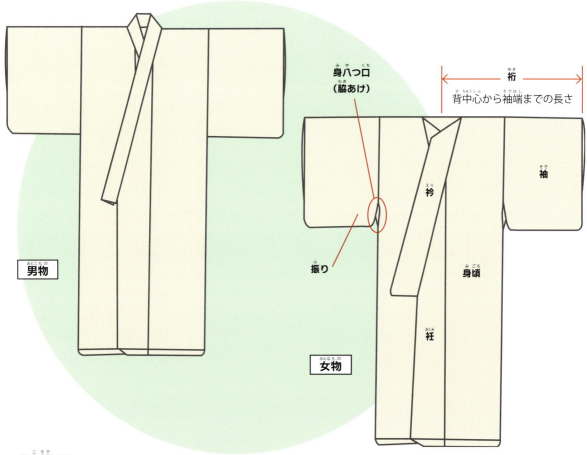

●小袖の形
（喜田川季荘 『守貞謾稿』 1837～1853年頃　国立国会図書館デジタルコレクション）
江戸時代末、19世紀中ごろの小袖の形。男物には身八つ口がない。女物の標準寸法は丈4尺（鯨尺で換算し約151.5cm）、裄1尺6寸5分（約62.5cm）、男物は丈3尺7、8寸（約140～144cm）、裄1尺8寸か7寸5分（約66～68cm）とある。女物より丈が短いのは対丈で着るためである。

子どもの装い

　子どものきものには特有の仕立て方がみられます。乳幼児用の一つ身とよばれる仕立て方では、布一幅で身頃を作るため、本来あるべき背縫いがありません。このため背中心に「背守り」とよばれる定まった縫い目の縫い取り、または飾り縫いをほどこします。男女児とも6～7歳までは身頃の腰の左右に付け紐を縫いつけておき、これを背側に回して結びました。袖付けの下部には身八つ口と「振り」があります。

● 振袖

　振りのある袖を丈長く仕立てたのが「振袖」です。振袖は男女の子どもが着ましたが、男児ではおもに武家や富裕町人の子どもの礼装とされました。女児は、上層の武家や富裕町人の家では普段も振袖を着ました。振袖の丈は江戸時代中期から長くなり、1メートルくらいにもなりました。女性は成長しても結婚前や元服前であれば振袖を着ました。

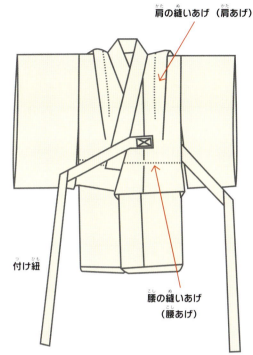

● 子どものきもの
(喜田川季荘『守貞謾稿』1837～1853年頃　国立国会図書館デジタルコレクション)
付け紐をつけた子どものきもの。丈も裄も長くしておき、腰、肩に縫いあげをする。成長とともに縫いあげの幅を狭くして、寸法を調節した。

● 子どもたちの普段着
(「江戸時代子供風俗　お祭　蛍狩り」部分　歌川芳虎　東京都立中央図書館特別文庫室蔵)
肩あげ、腰あげをしたきもの姿で遊ぶ子どもたち。

2　人生の節目と装い

　装いは人生の節目となる儀礼にもかかわっています。男女児とも3歳で髪をのばしはじめる髪置、男児5歳で初めて袴をつける袴着、女児7歳できものの付け紐を取り本格的に帯をしめる帯解（年代や地域により7歳女児に限らない）には成長の段階で装いをあらためる意味があります。これらの慣習は江戸時代には民間に広がり、今日の七五三の原形となりました。

　大人になったことを示す元服も外見をあらためる儀礼です。江戸時代、民間の元服では男子は前髪を落とし月代を剃った大人の髪型にして、袖を留めました＊。女子ではお歯黒をし、さらに眉を剃る（一般には結婚後）ことを元服とし、成人女性が身八つ口のないきものを着ていた時期には袖を留めた仕立てに変えました。

＊**袖を留める**　袖丈を詰め、身八つ口がないきものに変えること。

●**江戸時代の七五三の装い**

（「七五三祝ひの図」　三代歌川豊国　弘化年間（1844〜1848）　国立国会図書館デジタルコレクション）
帯解、袴着、髪置の祝いは幕末の江戸では11月15日におこなわれ、土地の神社に詣でた。
［左］髪置の女児は年かさの娘におぶわれている。
［中］鳶の者の肩に乗せられた帯解の女児は、丈長く仕立てた振袖を着て、揚げ帽子をかぶっている。
［右］袴着の男児は振袖に袴を着て、揚げ帽子をかぶった母に手をひかれている。

26

3 四季と装い

　江戸時代にも季節の節目できものの仕立てや、素材を変える衣更えがおこなわれました。4月1日から5月4日までが綿を入れない裏地付きの袷、5月5日の端午の節句から8月末までが裏地のない単衣か帷子（14ページ）、9月9日の重陽の節句から小袖となります。木綿の綿入れは布子とよばれました。

　冬から春先にかけては、表着の小袖の下に下重ねの小袖を着ました。二枚重ねの場合は下着、三枚重ねの場合は2枚目を間着、3枚目を下着とよびました。これらとは別に、肌着として襦袢を着ました。襦袢には腰丈の半襦袢と全身丈の長襦袢があります。幕末まで男性と、将軍家や大名家に仕えた御殿女中は半襦袢のみ、一般女性もふだんは半襦袢でした。長襦袢は江戸時代後期、遊里の女性が用いはじめ、一般女性も晴れ着に着るようになりました。

●季節とともに移り変わる江戸の町を行く人びとの姿
（『四時交加』　北尾重政画　山東京伝讃　1798年　国立国会図書館デジタルコレクション）

正月
はねつきをする少女たちは小袖を重ね着している。袴を着た武士がお供をつれて歩いている。

4月
端午の節句が近づくころ、花菖蒲の贈り物を届ける御殿女中は裏地のある袷のきもの。気の早い鰹売りは裏地のない単衣を着ている。

27

7月
虫売りの屋台店の前、団扇を手にした娘は涼しげな振袖の帷子を着ている。大きな男は相撲取。

9月
9月半ば、芝神明宮のお祭のころ。お祭のみやげを持った男性と犬を抱いた女性は小袖か袷を着ている。駕篭の横につきそう男性はまだ単衣のようである。

【4】 身分制度と装い

　江戸時代の人びとはみな小袖型のきものを着ていましたが、幕府は身分により身につけてよい素材や技法などを定め、身分秩序を保とうとしました。1635年（寛永12年）の「諸士法度」（旗本・御家人に対する法令）では、下級武士である「徒若党」の衣服は紗綾、縮緬、平島、羽二重、絹紬、布、木綿にかぎり、これより下の「弓鉄砲之者」の衣服は絹紬、布、木綿、下級の奉公人「小物、中間」は布、木綿にかぎるとしています。身分と素材のランクを対応させる考え方は上層武家男女の礼装にもみられます。一般民衆に対しては、1683年（天和3年）に幕府から出された触書（法令）に「百姓町人之衣服」は、「絹紬木綿麻布」の範囲で、妻子ともに身分に応じて着用するように、とあります。

　江戸時代には商品経済の発達により経済力をもった民衆も加わり、装いの文化が展開しました。そのため実際には、幕府による規制をこえた装いがみられたことが、江戸時代を通じ、贅沢な衣装や装身具などを禁止する触書が出されたことからもわかります。特に天保の政治改革の時には身分に応じた衣服を着用するよう触書がくりかえし出されました。しかし、このころの役人が書いた文書を読むと、江戸の町中では下級武士と町人の妻や娘を見分けること自体が難しく、規制の徹底は容易ではなかったようです。

V 江戸時代の武家の服装

【1】武家男性の服装

武家の人びとの公的な場での装いには、身分と場面による決まりがありました。

江戸幕府でも、朝廷から将軍の任命を受けるなどの特別な儀礼の時には、公家の礼装を用いることがありました。これに対し中世に武士の装いの中心となっていった直垂系の装束（6〜7ページ）は、江戸時代になると幕府の重要な儀礼での礼装とされました。

●直垂、狩衣系の装束

直垂、狩衣系の装束は年始などの重要な儀礼の礼装とされ、江戸時代後期には、以下のように格付けが定められていました。直垂は本来公家系の装束であった狩衣よりも高い位置づけです。

直垂

狩衣

いずれも礼装として着る場合、折烏帽子（風折烏帽子）をかぶり、直垂と大紋には長袴を合わせる。
（伊勢貞丈『武家装束着用之図』 国立国会図書館デジタルコレクション）

大紋

直垂	上等な絹地の直垂。将軍、御三家、御三卿以下侍従以上の大名らが着た。
狩衣	織紋のある絹地の狩衣。直垂に次ぐ格付けとなり、直垂着用ではない四位の大名などが着た。
大紋	大きな紋をつけた麻地の直垂。五位の大名、旗本が着た。
布衣	文様の無い絹地、狩衣型の衣服。無位でも特に許された人びとが着た。
素襖	単の麻地の直垂。布衣より下で将軍に謁見出来る御目見以上の人びとが着た。

※行事の性格により直垂着用の地位にある人が狩衣を着ることもあります。また、時期によるちがいもありました。

29

●裃

肩衣と袴の組み合わせは、江戸時代には武士が公の場で着る衣服として幅広く用いられ、「裃」とよばれるようになります。

裃にも格付けがあります。「長裃」は裾を引く長袴と同じ布の肩衣を合わせたもので、御目見以上の武士が、直垂や大紋などに次ぐ礼装として五節句などに着ました。「半裃」はくるぶし丈の半袴と同じ布の肩衣を合わせたもので、長裃より略式の礼装でもあり、平常の公務の服装でもありました。平常着用しない下級武士は礼装としました。

長裃と半裃は麻地が正式で、微細な小紋染が用いられました。他家の使用を禁じた特定の小紋柄（留柄）を家中で定める例もありました。また、「継裃」といって、肩衣と縞織物などの袴を組み合わせる着方もありました。本来略装の位置づけですが、江戸時代後期には日常の公務の服装とされました。

●胡麻小紋

●長裃
（「長裃」 江戸時代後期　文化学園服飾博物館蔵）
麻地小紋染の肩衣と長袴を合わせた長裃。鍋島家で用いられたもので、小紋柄は「胡麻小紋」とよばれる鍋島家の留柄。

●素襖と侍烏帽子
（「鷹見泉石像」　渡辺崋山　1837年　国宝　東京国立博物館蔵　Image:TNM Image Archives）
下総古河藩の家老、鷹見泉石の肖像画。素襖と折烏帽子（侍烏帽子）を身につけた姿で描かれる。革製の胸紐など素襖の特徴がわかる。

●熨斗目小袖

大紋、素襖、礼装の麻裃の下には「熨斗目小袖」を着ました。夏は白帷子あるいは染帷子でした。熨斗目小袖は腰部分に筋や格子の柄があるのが特徴で、武家の礼装に用いられる特別なものでした。町人も新年や婚礼などに半裃を着ることがありましたが、特に許された場合を除き熨斗目小袖を着ることは出来ませんでした。

紋付無地小袖は熨斗目小袖より略式の格付けでした。

●羽織袴

「羽織袴」は武家社会では略装でした。ただし下級武士にとっては、これが日常の公務の服装でした。

幕末期の変化

幕末の1862年（文久2年）には長裃と半裃が廃止され、羽織袴で代えることとなりました。翌年いったんもとに戻りますが、1867年（慶応3年）、あらためて羽織袴を平服（日常の公務の服装）としました。

公務の服装が簡略になる一方で、1853年（嘉永6年）の黒船来航後は、西洋式の調練（兵士の訓練）の導入が急務となり、軍装にも洋服の要素を取りいれはじめます。軍服は当初、外国人に紛らわしいものを避け、筒袖に陣股引など和装に基づいたものでしたが、1867年（慶応3年）に幕府陸軍に洋装軍服が導入されました。洋装軍服は諸藩でも用いられるようになります。

●継裃、羽織袴
（『四時交加』 北尾重政画 山東京伝讃 1798年 国立国会図書館デジタルコレクション）
日常の公務の服装で町を歩く武士。右は無地の肩衣に縞の袴を合わせた継裃姿、左は羽織袴姿。

●長裃と熨斗目小袖
（「松井直之像」 江戸時代 17世紀後期 松井文庫蔵）
肥後熊本藩家老、松井家四代目松井直之（1638〜1692年）の肖像画。松井家の家紋をつけた小紋の長裃と、腰の部分を白地の格子文様とした熨斗目小袖の姿。

●熨斗目振袖
（「茶絹地牡丹紋熨斗目」 江戸時代後期 19世紀 仙台市博物館蔵）
伊達家の家紋が織りであらわされ、藩主の子ども用とみられる熨斗目振袖。腰の部分に朱と緑の格子が織りだされている。肩あげ、腰あげをし、付け紐がついている。

② 武家女性の装い

　武家女性の礼装は場面、身分、季節により細かな決まりがありました。

　江戸時代末期、将軍家や大名家の夫人、上級の御殿女中の五節句などの重要な儀式の礼装はおよそ次のような構成でした。

　9月9日から3月末までの冬季は、黒や白あるいは赤地に刺繍と染めをほどこした打掛に、赤や白などの間着の小袖、下着の白小袖を重ね、間着の上から刺繍入りの帯を結びます。

　4月1日から5月4日までと、9月1日から8日までは袷の表着に間着、下着を重ねます。5月5日から8月末までの夏季には

●**大名家の夫人の儀礼用打掛姿**
(『南紀徳川史』巻149 服制第3「服飾図式」 堀内信編 明治時代 東京国立博物館蔵 Image:TNM Image Archives)
五節句などの装い。白綸子地の打掛に緋色の間着、髪型は下げ髪である。

●**礼装用の打掛**
(「変わり菱つなぎ花束文様打掛」 江戸時代後期 徴古裳・中村コレクション蔵)
白綸子地に装飾的な菱形をつないだ文様と、藤、菊、牡丹の花束文様を金糸入りの刺繍と摺匹田(鹿の子絞り風の柄を型紙で摺り染めにしたもの)であらわす。上図に描かれているのと同じような重要な儀礼用の打掛。

晒地や縮地に染めや刺繍をほどこした辻（本辻、茶屋辻）とよばれた帷子に下重ね（襲）をつけて着ます。

袷と帷子の季節には提帯（または付帯）とよばれる豪華な織物で仕立てた細い帯を背側で結びました。武家の提帯は堅い芯を入れて結び目の先を左右に張るようにします。打掛を着ない季節には、代わりに提帯で威儀をあらわしました。

正月など特に重要な儀礼には将軍家、御三家、御三卿の夫人や娘は公家の装束である袴をつけます。その際、裃を着ることもありました。夏季の儀礼には袴はつけず、腰巻（14ページ）とよばれる特別な着物を提帯の先にかけるようにしました。江戸時代後期の腰巻は黒紅地や紅地におめでたい意味の文様を細かくあらわしたきものです。

文様の決まりごと

武家女性の礼装にはさまざまな格付けのものがあり、文様の種類や配置、刺繍の有無などに決まりがありました。冬の打掛、夏の帷子ともに同等の格付けの衣装では文様のつけ方は共通です。

江戸時代末期の将軍家、大名家の夫人が重要な儀礼に着た綸子地*などの打掛（冬用）と本辻とよばれた帷子（夏用）は、金銀糸や色糸の刺繍と摺匹田で文様を全体に散らした総模様**です。文様は花束や花の折り枝と菱つなぎや立涌などの装飾文様を取り合わせたものが典型的です。

＊**綸子** 光沢の強い繻子織を応用して地紋を織りだした絹地。

＊＊**総模様** 全体に文様を配置した構図のこと。

● **大名家の夫人の腰巻と提帯**

（『南紀徳川史』巻149 服制第3「服飾図式」 堀内信編 明治時代 東京国立博物館蔵 Image:TNM Image Archives）
夏の節句などの礼装。辻とよばれる総模様の帷子に提帯をしめた上から腰巻を着装する。

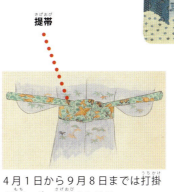

4月1日から9月8日までは打掛を用いず、提帯をしめる。

● **礼装用の帷子（茶屋辻）**

（「苑池雅遊模様帷子」 18世紀 女子美術大学美術館蔵）
雲の合間からみえる池や流れのある雅やかな庭園風景を、麻地に藍の濃淡と薄い黄色で染めあらわす。このように繊細な風景文様などを、たくみな藍染であらわした武家女性の夏の礼装用帷子は茶屋辻とよばれた。

33

これに次ぐのが、松竹梅、桜、水辺に葦、秋草など季節の風景を示す文様を染めと刺繍で細かく全面にあらわした総模様の縮緬地***などの打掛（冬用）、帷子（夏用）です。より略式なのが、文様を腰より高い位置で袖にかかるように置いた中模様、腰から下にのみ置いた裾模様（一般的な裾模様よりは位置が高い）です。紋付の裾模様は紋裾とよばれました。これらは御殿女中にも用いられました。裾模様でも刺繍がないものは格が下がります。これらの衣装では、風景のなかに物語や謡曲、和歌、故事にちなむ道具や持ち物、建物などをちりばめた文様が典型的で、古典の教養を重んじた武家女性の文化をうかがわせます。このような文様は今日では御所解文様とよばれています。

　プライベートな時間の装いとして、幕末期の上流武家女性たちは、上等な縞縮緬****なども着ていたようです。

　江戸では暮らしに余裕のある町人の娘が行儀見習いとして武家屋敷に奉公することもあり、町人女性のなかにも品格ある武家風の装いに関心をもつ人もいました。

＊＊＊縮緬　強く撚りをかけた緯糸を使い、表面にこまかなしぼができるように織った絹織物。
＊＊＊＊縞縮緬　縞柄にあわせて、先に糸を染めてから織った縮緬。

● 礼装用の小袖（御所解文様）
（「子日若松文様小袖」　江戸時代後期　徴古裳・中村コレクション蔵）
萌黄色縮緬に、白上がりと刺繍で梅と若松、王朝風の建物をあらわす。広縁には根のついた松が置かれている。宮中で行われた新年の行事「子の日の遊び」（松の生命力にあやかるため、野に出て若松を引き抜く）、またこの行事を描いた『源氏物語』「初音」にちなむ文様。

● 筥迫
（「地紋入白天鵞絨地紅梅文様筥迫」　江戸時代後期　株式会社クイーポ　クイーポ資料館蔵）
筥迫は、武家女性が礼装の時に携帯した小物。明治時代には一般女性の婚礼衣装などに使われるようになった。

Ⅵ 小袖文様の美を求めて

1 小袖文様の見方

　基本の形が一定している小袖では新たな美のこころみや個人の好みはもっぱら文様に反映されました。小袖文様の特色は構図（どのように配置するか）、題材（何をあらわすか＝テーマ）、技法（どのような技術であらわすか）の点から注目することができます。

　小袖は四角い平面で構成されているため、広げて一続きの画面として眺める見方が自然と成り立っていました。たとえば江戸時代前期には「小袖幕」といって、花見の場で華やかな小袖を幕の代わりに吊すことがありました。小袖を飾る時には衣桁（37ページ下の右図）という道具にかけて平面的に広げて背側からながめます。もちろん身につけた時の見え方も大切です。平面としても、体に沿う立体としても楽しめるよう、小袖文様にはさまざま工夫がなされました。

　小袖文様の題材として好まれたものに、風景や花鳥、物語や詩歌のテーマを読み解かせるものなどがあります。また、おめでたい意味をもつ鶴亀、松竹梅、宝尽くしなどは祝い事の晴れ着などに好まれました。そして、構図、題材を効果的にあらわすために染めや刺繍などの技術が工夫されました。

●江戸時代初期の風俗
（『風俗図（彦根屏風）』江戸時代　国宝　彦根城博物館蔵　提供：彦根城博物館／DNP artcom）
遊びの場では男女とも大ぶりな文様の小袖を着ている。

35

② 豪華さを求めて—17世紀初めから中ごろ

江戸時代初期の小袖

　江戸時代初期には、今日「慶長小袖」とよばれている特徴的な文様の小袖がみられます。地をおもに黒、紅、白の三色で複雑な区画に染め分けて、それぞれの区画の中を刺繍、摺箔（17ページ）、鹿の子絞り＊の技法であらわした細かな文様で埋めつくしたものです。江戸時代の文献によると、17世紀初めから中ごろにはこれと似た小袖は「地無小袖」とよばれ、武家女性の晴れ着とされていました。

　一方、17世紀前半ごろに描かれた遊楽風俗図（男女の遊びの場面を描いた絵画、例35ページ）には、さまざまな題材の大ぶりな文様の小袖を着た姿がみられます。遊びの場ならではの自由さもうかがわれますが、規則的な構図が多かった16世紀の小袖にくらべ、構図も題材も幅が広がった様子がわかります。

＊鹿の子絞り　小さな粒状の絞り染めを並べる技法。

寛文期の文様

　17世紀半ばすぎの寛文年間（1661～1673年）ごろには、後身頃肩から右脇に流れるような構図の大胆な文様を、鹿の子絞りや刺繍であらわした小袖がみられます。このような小袖は今日「寛文小袖」とよばれています。寛文年間初めごろ、東福門院（後水尾天皇の中宮、つまり皇后）が呉服商雁金屋に注文した小袖文様を控えた手描きの図案帳に、このような構図で大胆な菊や波、和歌や謡曲にちなむ文字をあらわした文様が多くみられます。また寛文年間に出版された小袖雛形本にも、同様の構図が目立ちます。雛形本

●江戸時代初期の刺繍と摺箔の小袖
（「黒紅染分綸子地松皮菱小花文様小袖」　江戸時代初期　17世紀　重要文化財　京都国立博物館蔵）
綸子地を黒紅とよばれる濃色と紅色とで松皮菱形（大小の菱形を並べた形）の段状に染め分け、各区画に細かな金の摺箔と刺繍がほどこされている。

●『雁金屋御画帳』にみる小袖文様
（小西家伝来・尾形光琳関係資料のうち　衣裳図案集　重要文化財　大阪市立美術館）
左肩の「鼓」という文字からわき出たような瀧の水が右裾まで流れている。41ページ下の図と同じ謡曲『鼓の瀧』をテーマとする。鹿の子絞り、金糸縫いの指示がある。東福門院からの注文を控えた高級呉服商雁金屋（尾形光琳の生家）の衣装図案帳にはこのような構図が多くみられる。

には和歌や謡曲のほか、流行の芸能やことわざなど庶民的な題材もあります。意味を読み解かせるような文様の示し方は東福門院の注文した小袖文様と共通しています。

●寛文7年刊『新撰御ひいながた』
(『新選御ひいながた』 1667年 国立国会図書館デジタルコレクション)
笠と橋の上の鷺で恋の橋渡しをする「かささぎの橋」を意味する言葉遊びの文様。木版刷で出版されたごく初期の小袖雛形本。

●寛文小袖
(「鬱金綸子地雪輪竹模様絞小袖」 江戸時代 17世紀 国立歴史民俗博物館蔵)
大きな雪輪と竹を鹿の子絞りで染め分けた小袖。このような構図、技法の小袖を今日「寛文小袖」とよんでいる。

◆小袖雛形本の出版

江戸時代の小袖文様を知るうえで、実物の小袖と並んで重要な資料に、小袖文様の見本(雛形)を集めた小袖雛形本があります。小袖雛形本は17世紀半ばすぎの寛文年間から木版刷で出版されはじめます。手の込んだ文様の小袖類は基本的に誂え(オーダーメイド)で、小袖雛形本はその参考になりました。小袖雛形本はファッションブックのようなもので、ながめて楽しまれることもあったようです。実物の小袖は製作年代が伝わっていないものが多いのですが、出版年のわかる小袖雛形本で文様の構図や題材、技法の移り変わりを確かめることができます。

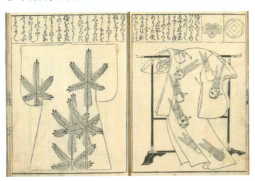

●新しい文様を伝えた小袖雛形本
(『当世早流雛形』 菱川師宣 1684年 国立国会図書館デジタルコレクション)
出版された小袖雛形本は、新しい構図や題材、技法を人びとに伝えた。

【3】友禅の登場—17世紀終わりから18世紀中ごろ

新しい技術の追求

17世紀後半には経済的な力を伸ばした町人層の装いの贅沢が目立ってきます。このため1683年（天和3年）には、贅沢の代表であった金糸刺繍や総鹿子（全面鹿の子絞りとするもの）などに対し禁令が出されます。一方、翌1684年（天和4年）の小袖雛形本では世のなかの好みが変わってあっさりしたものが主流となったとし、「さらさ」などの染めの技術が注目されています。

インド産の更紗（59ページ）は細かい文様を多色で染め分けた染め布で、江戸時代初期から輸入されていました。外来の更紗などの刺激もうけ、新しい染め技法が試みられていきました。

●友禅風の文様『友禅ひいながた』
（『友禅ひいながた』 友尽斎清親 1688年 稀書複製会編 複製版 国立国会図書館デジタルコレクション）
恋文を結んだつく羽根（はねつきの羽根）が浮かぶ川を描き、百人一首の歌「筑波嶺（つくばね）の峰より落つるみなの川 恋ぞつもりて淵となりぬる」を示す、しゃれが効いた文様。

●友禅染の登場
（「白縮緬地梅樹衝立鷹模様振袖」 江戸時代 18世紀 東京国立博物館蔵　Image：TNM Image Archives）
友禅染に刺繍を交え、衝立にとまる鷹をあらわす。衝立にあらわされたしだれ梅の枝は、よくみると下から連続している。この機知に富む意匠は扇絵師、友禅自筆の『余情ひいながた』の文様をヒントにしている。

友禅風文様の流行と友禅染

　1680年代後半から1690年代には「友禅風」の文様が流行します。これと関連のある染め技法に今日にも続く「友禅染」*があります。友禅染は、多くの色をつかって絵を描くように思いのままに文様を染めだすことに適する技法です。これに対し、17世紀終わりに流行した友禅風とは染め技法ではなく、当時京都で人気のあった扇絵師、宮崎友禅の描く扇絵のようなしゃれた絵柄をさしていました。友禅自身は染織業者ではありません。

　宮崎友禅の絵を模した小袖雛形本『友禅ひいながた』には、友禅染の元となるような「のりを置き」、「さいしき（彩色）する」技法も説明されています。この時期には生地に墨や絵の具で直接絵を描く「描絵小袖」も好まれており、絵のような表現を小袖にとりいれることへの関心が友禅染という技法を育てたともいえそうです。

＊**友禅染**　文様の輪郭に細い糊の線（糸目糊という）を置き、必要ない部分に染料がしみこまないようにして、その後、必要な部分に染料をさしわけてゆく染め方。

●**技を極めた友禅染の振袖**
（「束熨斗文様振袖」　江戸時代　重要文化財　友禅史会蔵　京都国立博物館寄託）
祝い事の贈り物に添える束ね熨斗の形を、紋縮緬地の振袖全体に大きく配置する。束ね熨斗の形が白く残るよう絞り染で地色を染め、その後、熨斗の一片ごとに鶴、鳳凰、牡丹唐草などのおめでたい文様を友禅染や摺箔などであらわし、輪郭に金糸刺繍をほどこしている。

39

構図の変化

小袖雛形本をみていくと、17世紀末ごろから文様の構図が変化しはじめます。腰の上下で文様が分かれ、18世紀前半には腰下のみに文様を置く構図が目立ってきます。変化の背景として、女性の帯が幅広くなり文様が途切れるようになったこと、女性の小袖丈が長くなって裾をひく着方になり、裾に視線が集まりやすくなったことなどが考えられます。

● 腰高模様
（『雛形都商人』「かんこのもやう」 1715年 国立国会図書館蔵）
腰の高さから下を中心に文様を置く。草むらの太鼓と鶏の図は「諫鼓（君主をいさめるための鼓）苔深く鳥おどろかず」という、平和な世を示すたとえによる。墨絵でも友禅染でもよいと書きそえている。

● 裾模様
（『新雛形千歳袖』「二十八」 1800年序 京都府立京都学・歴彩館 京の記憶アーカイブ）
裾からわずかの高さにのみ文様を置く。散り紅葉の文様。

● 江戸褄模様
（『袖の山』「舟引」 1757年 国立国会図書館蔵）
褄（襟下から裾にかけての部分）を中心に文様を置く。川ぞいに船を綱で引く様子をあらわしている。

【4】 繊細な美の表現 —18世紀中ごろ以降

新たな美意識へ

18世紀にはいると小袖雛形本にみられる技法には多くの色を染め分ける友禅染が広がります。その一方で、正徳年間から享保年間（1711〜1736年）ごろには、墨で直書きする「墨絵」も好まれます。またこのころから文様部分を糊置きなどにより白く染め残す「白上がり」の技法が登場して、18世紀中ご

● 腰の上下で文様を変えた振袖
（「染分縮緬地襷に菊青海波梅桜文様友禅染振袖」 江戸中期 1730年寄進 丸紅株式会社蔵 京都府寄託中）
上部は斜め格子文様、下部は青海波とよばれる文様の構図に菊の花文様をあてはめている。紅白の梅の枝を刺繍でそえる。桜の花の伊達紋（飾りとしての華やかな紋）も刺繍。

ろから多く用いられるようになります。小袖の地色も白上がりが映える濃い色合いが増えていきます。このころから文様自体もより細やかになり、構図は裾部分にだけ文様を置く裾模様が目立ちはじめます。

　18世紀末以降は細かな裾模様が主流となります。この時期の装いには表着の文様のほか全体の取り合わせがいっそう重んじられました。同時に小袖雛形本の出版が少なくなり、新刊は1800年（寛政12年）が最後となります。この背景には、小袖全体の構図を示す雛形本の必要性が低くなってきたことや、小袖雛形本はおもに京都や大阪で出版されてきたのに対し、出版文化の中心が江戸に移ったことなど、さまざまなことがらが関係しています。

　なお、武家女性の礼装や上層町人の晴れ着には、江戸時代の終わりまで文学的な題材や花鳥図、風景図風文様などの華麗な文様の小袖類が着られました。

●白上がりの小袖

（「柳に萩と鉄線文様小袖」　江戸時代後期　徴古裳・中村コレクション蔵）
明るい紺色の平絹地の裾の部分に白上がりで文様をあらわした小袖。柳と枝蔓を糊を置いて染め残した白い線であらわし、友禅染でわずかに彩りを加えている。

●謡曲を題材とした裾模様の振袖

（「鼓の瀧文様振袖単衣」　江戸時代後期　徴古裳・中村コレクション蔵）
金糸入り刺繍と染めで裾模様をあらわした豪華な夏物の振袖。山路の花を尋ね、津の国鼓瀧の風情ある景色に出会う、謡曲『鼓瀧』が題材。桜の散る瀧の流れの上を、鼓が弾んでゆく様子は謡曲の詞にちなむ。見る人が文様からテーマを思い浮かべることが期待されている。

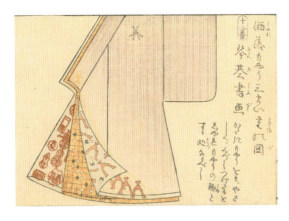

●「洒落もやう三枚重の図」

(『手鑑模様節用』上巻　梅丸友禅　国立国会図書館デジタルコレクション)
19世紀初め、多色刷で出版された染色業者による小袖類誂え手引き書。「琴棋書画」をテーマとした三枚重ねの意匠(表着は琴柱などの裾模様で裏にも文様をつける裏模様。間着は碁盤、下着は書画の印)。江戸時代後期には、装い全体の取り合わせが重視され、微妙な配色を伝える多色刷出版物が求められた様子がわかる。

◆光琳文様の流行

　尾形光琳(1657〜1716年)の晩年にあたる正徳期(1711〜)から18世紀半ばにかけて、光琳の略画風を模倣した「光琳文様」が流行します。この時期には光琳文様を集めた小袖雛形本が次々と出版されました。光琳文様は紅葉や梅、秋草、流水などの題材の細部をはぶいて、手描きの筆づかいを示す輪郭線でとらえたものです。白上がりや友禅染で光琳文様を表現した小袖がのこされています。

●光琳文様の小袖

(「染分縮緬地流水紅葉秋草模様友禅染・染分綾地秋草千鳥模様友禅染小袖」江戸時代　国立歴史民俗博物館蔵)
右の小袖裂は紫色に絞り染めで千鳥の輪郭をあらわし、薄い色の部分には筆の強弱を強調した輪郭線が特徴的な秋草文様を、色数の少ない友禅染であらわしている。このような文様が光琳文様とよばれた。

●小袖雛形本にみる光琳文様

(「光琳きく」『絵本衣服雛形模様』1727年　国立国会図書館蔵)

Ⅶ 男と女のおしゃれ

1 贅沢をこえたおしゃれ

　17世紀後期、延宝年間（1673〜1681年）の末ごろ、贅沢の果てに京都と江戸の町人の女房が衣装くらべをおこなったというエピソードがあります。赤い綸子地に京都の町中の図を刺繡した京都の女房の豪華な小袖に対し、江戸の女房は黒い羽二重地（羽二重は上質の平織の絹）に南天の立木を染めたあっさりした小袖でしたが、よくみると南天の赤い実はすべて珊瑚で、こちらが勝ちました。この結末は、わかりやすい贅沢をこえた美の追究の芽生え、また京都と江戸の好みの違いをうかがわせます。

　この後、1683年（天和3年）には衣装の贅沢を禁じる触書（38ページ）が出されますが、このころ活躍した大阪の作家、井原西鶴の書いた小説（浮世草子）にも、ありきたりではない装いの趣向が語られています。たとえば京島原の薫という女性は、白繻子地の袷のきものに有名な絵師の直筆で秋の野の景色を描いてもらいます。和歌の寄せ書きも添えたそのきものはまるで掛軸として鑑賞したいようなすばらしさですが、これを堂々と装う薫の心構え自体が讃えられています。墨や絵の具で直描きする描絵は技法としては単純ですが、本格的な絵師が筆をとれば一点の絵画としての力をもちます。たとえば尾形光琳の作品に秋草の描絵小袖がありますが、このような小袖を着こなすのは容易ではなかったと思われます。

●**尾形光琳の描絵小袖**
（「白綾地秋草模様小袖」　尾形光琳　江戸時代　重要文化財　東京国立博物館蔵　Image：TNM Image Archives）
白綾地に墨と絵の具で薄、萩、菊、桔梗などの秋草を描いた尾形光琳直筆の描絵小袖。衣服であると同時に絵画でもある作品。江戸深川の冬木家の女性のために描かれたと伝えられる。

43

● 18世紀前期の上方風の装い

(『行楽図（部分）』 西川祐信（風） 享保〜元文（1716〜1741）頃　東京国立博物館蔵　Image:TNM Image Archives）
京都の浮世絵師が描いた女性たちの姿。全員文様を全体にあらわした小袖を着ている。左の若い女性の衣装はひときわ華やかな色合いである。

2 江戸風の登場

　18世紀にはいると、装いの好み全般に新しい傾向が生まれます。18世紀前半から後半にかけての江戸の服装のうつり変わりをふりかえった資料には、これまで女性の小袖は刺繍入りの友禅染などで縞類は着なかったのが、元文年間（1736〜1741年）ごろには女性の小袖に花色（はなだ色、明るい藍色）に白く染め残した線で文様をあらわす、あっさりした白上がり（40〜41ページ）が好まれ、その後に縞が流行しはじめたとあります。そして明和年間（1764〜1772年）ごろからは路考茶（50ページ）、ひわ茶（灰色がかった緑色をおびた黄色）などのくすんだ微妙な色合い、安永天明（1772〜1789年）ごろには表ではなく裾の裏側を中心に文様を置く裏模様や細かな小紋染が女性のあいだで流行したと書かれています。この変化は、それまで主流であった華やかな文様や多彩な色づかいを好む上方風とはちがった、江戸風の好みの登場を示しています。

● 江戸風の好み

（「おせん茶屋」　鈴木春信　明和2〜7年（1765〜1770）頃　たばこと塩の博物館蔵）
1769年（明和6年）ころ、江戸の町で評判娘といわれた美人娘ブームがおこった。笠森稲荷の茶屋の娘おせんは一番人気。画中のおせんは黒襟をかけた無地小袖に縞の下着、小袖の渋い色で裏地と襦袢の緋色が引き立つ。客の武士は黒羽織に縞の小袖、木目柄の下着を重ね、裏地と襦袢は緋色。微妙な色彩感覚や男女の装いの好みの接近がうかがえる。

③ 男女とも好んだ縞や小紋

男性の流行にも変化がみられます。17世紀後半には、遊びの場でのしゃれ着として黒や茶の無地を最上とし、その次が細かな小紋染で、縞織物はあまり勧められていません。しかし18世紀半ばをすぎた明和期ごろから男性の流行として、八丈縞＊や縞縮緬（34ページ）などの上等な縞織物がみられるようになります。これらは女性にも流行しました。

このように江戸の都市文化が成熟期を迎えた18世紀半ばごろが転換期となり、上質の縞織物や、茶、藍、鼠系統などの微妙な色合いの無地や小紋染を男性も女性も装うようになり、江戸風の好みが明らかになります。

＊**八丈縞** 伊豆八丈島産の絹織物。島の草木で染めた渋みのある茶色（鳶色）、濃い黄色、黒の糸で織った縞柄の織物。

●**縞の装い**
（「両国花火」 勝川春山 天明後期（1786〜1788）頃 山口県立萩美術館・浦上記念館蔵）
隅田川の花火を楽しむ江戸の男女。男性は鼠色の羽織に黒い薄物の縞のきもの、緋色の帯はこのころの男性に流行したもの。女性たちも縞のきものを着ている。

●**型紙**
（型紙「霞地に小鳥」 1788年 東京藝術大学蔵）
左図のきものと似た柄の型紙。このような型紙を白生地にあて、へらを使い防染のための糊を置いていく。染めると糊が置かれた部分のみが白く染め残る。小紋や中形の染型紙は伊勢の白子、寺家地域の特産品で、紀州藩の保護を受けて広く流通した。

●**小紋の装い**
（「歌撰恋之部 物思恋」 喜多川歌麿 重要美術品 1793年頃 平木浮世絵財団蔵）
黒地に黄色の格子縞の下着に、あられに小鳥をちらした小紋を灰色がかったくすんだ紫色に染めた表着を重ねている。

【4】江戸の美意識

●通、底至り

　江戸風の装いは、たんに地味なものではありません。安永天明期ごろの江戸で書かれた小説には「通」である（事情に通じ洗練された振る舞いができる）ことを目指す男性たちの装いへのこだわりが描かれています。表からみえる羽織や小袖は、上等でも目立たない絹の無地、縞や小紋ですが、表着の小袖に重ねる下着には役者好みの文様（49ページ）や更紗（59ページ）などを用い、表着よりもこだわります。有名な絵師の描絵を羽織の裏地に仕立てることもあり、小物にも気を配りました。外見は控えめな一方で、内側や細部にこだわりや華やかさを秘めるのが通の装いの一つの特徴です。

　細部や気づきにくい部分に繊細な技巧を凝らして美を求める姿勢は「底至り」ともいわれました。男性ではたばこ入れや紙入れなどに凝ること、女性では小袖の裏模様なども底至りの具体例です。

●通好みの羽織
（「八丈縞八端地羽織」　江戸時代後期　徴古裳・中村コレクション蔵）
八端とよばれる綾織八丈縞の羽織。裏地も細かな文様の繻珍（緯糸に色糸を使い、文様を織りだした繻子地紋織物）、紐は太い平組紐で先がぼたん掛けという凝った仕立て。男性の羽織は丈の長短、紐の種類などにも流行があった。

●唐桟裂を縫い合わせた男性用の下着
（「唐桟裂縫合下着」　江戸時代末期〜明治時代　徴古裳・中村コレクション蔵）
色調の異なる数種の唐桟裂（58ページ）を縫い合わせて仕立てた男物下着。袖下、脇などに縫い目がなく、からくり細工のような仕立てにも趣味性が発揮されている。

●金唐革のたばこ入れ
（「金唐革一つ提げたばこ入れ」　たばこと塩の博物館蔵）
金唐革は革に金属箔をはり文様を型押しして彩色したもの。ヨーロッパで使われていたものが、江戸時代に輸入され、きざみたばこを入れるたばこ入れなどに使われた。

●いき

　「いき」という言葉は江戸深川の流行語として1770年ごろには使われています。19世紀前半、天保期（1830～1844年）ごろ、女性に好まれた人情本という小説には、たびたびいきの美が語られます。いきは男女に通じる美であったことに特徴があります。たとえば「好風なこしらへ」とされる洗練された女性の普段着は、きものは表着と下着で変化をつけた茶系の格子縞、裏地も長襦袢も藍色系で帯は黒という、控え目な取り合わせのなか、唯一髪飾りの珊瑚玉の赤が鮮やかです。男性についても、上等な縞の羽織、きものを合わせ、小物にも気を配った装いがいきとされています。渋く目立たないなかにわずかな華やかさを求めるいきの美は、江戸町人の生活に定着していきました。

●深川芸者の装い

（「江戸名所仇競　富岡の牡丹」　渓斎英泉　天保期（1830～1844）　千葉市美術館蔵）
小袖は男性の黒小袖のような印象の黒地紋付裾模様。青竹図の文様は裾の裏にもおよんでいる。帯は墨絵の寄せ書き風と渋好みである。手に持つ羽織は男性のものか。

●縞のきものの流行

（「大願成就有ケ瀧縞　梅屋」　歌川国芳　国立国会図書館デジタルコレクション）
透けるように薄い瀧縞（極細の筋から太い筋まで順に並べた縞）のきものを着た娘が背の汗をぬぐっている。瀧にちなむ物語などを示すこま絵と、それに関連づけた瀧縞を着た美人図を取り合わせたシリーズの一枚で「布引の瀧」がテーマ。

●男装の娘浄瑠璃

（為永春水作　柳川重信画　『春色梅児誉美』二編巻之六　1832年　国立国会図書館デジタルコレクション）
本来男性の芸能である義太夫節を演じる娘浄瑠璃の姿。元服前の少年のような若衆髷に結い、小紋の小袖に縞の下着、羽織の装い。このようなボーイッシュな姿をいきで美しいと描写している。江戸時代には羽織は男性のものであったため、女性の羽織姿は男性風を思わせた。しゃれ着として羽織を着る女性があらわれ、1748年（延享5年）には女羽織禁止の触書が出された。

47

◇女性の髪型と化粧

　江戸時代中期以降には、女性の髪型は、前髪、鬢（顔の左右の髪）、髱（襟足上部の髪）を取り分け、頭上に髷を結うかたちになり、時期による流行がありました。髷は流行のほか、武家、町人、結婚前、結婚後など立場によっても異なり、江戸と上方（京阪地方）でも違いがありました。
　化粧も上方では濃く、江戸では薄化粧が好まれる傾向がありました。

●両輪
（喜田川季荘 『守貞謾稿』 1837〜1853年 国立国会デジタルコレクション）
上方の既婚女性に結われた両輪。

●江戸で流行した上方風の化粧
（「美艶仙女香」 渓斎英泉 国立国会図書館デジタルコレクション）
江戸で一時期流行した上方風の濃い化粧。下唇は墨を下地に塗り、黒光りするほどの紅の濃さを演出する。

●片外し
（「浮世人精天眼鏡」 歌川国貞 国立国会図書館デジタルコレクション）
上級武家女性、御殿女中に結われた片外し。

●島田髷
（「今風化粧鏡はみがき」 歌川国貞 1823年頃 山口県立萩美術館・浦上記念館蔵）
島田髷は未婚の若い女性の代表的な髪型で、いろいろなバリエーションがあった。

●丸髷
（「誂織時世好」 歌川国貞 国立国会図書館デジタルコレクション）
丸髷は江戸時代後期の江戸の既婚女性の代表的な髪型である。

48

5 歌舞伎と流行

　今日では古典芸能となった歌舞伎は、江戸時代には装いの流行と深い関係がありました。1603年（慶長8年）、京都で、出雲の阿国という女性が、「かぶき者」とよばれる若者たちの風俗を模倣した男装で「かぶき踊り」を演じたのが歌舞伎の始まりでした（22ページ）。出発点から、歌舞伎は世のなかの流行をうつす性格をもっていたのです。

　歌舞伎の衣装は役柄を表現する大切な要素で、役者自身を印象づけるものなので、役者たちは競って衣装を工夫しました。日常を離れた華やかな歌舞伎の世界は人びとを引きつけ、江戸時代を通じて人気役者の舞台衣装や好みの装いから、色や文様、帯結び、髪型などの流行が生まれました。代表的なものに、江戸時代前期から中期には、吉弥結（17世紀後半、上村吉弥から広まった帯の結び方。23ページ）、市松染（18世紀中ごろ、初代佐野川市松の衣装から流行した文様）、亀蔵小紋（18世紀中ごろ、九代目市村羽左衛門の衣装から流行した渦巻文様）などがあります。

　役者の個性や役のイメージにより、見なれた文様が新たに注目されるようになった例もありました。たとえば市松染の正方形をつなぎ染め分けた文様は、もともと石畳とよばれていましたが、恋に悩む美少年役の衣装に佐野川市松が用い、どこか色気のある魅力的な文様と受け取られるようになりました。

●初代佐野川市松と市松染

（「藤川亀の江と佐野川市松」　奥村政信　18世紀中期　東京藝術大学蔵）
佐野川市松（左）の着ているきものが市松染。

●二代目瀬川菊之丞と路考茶

（「二世瀬川菊之丞の柳屋お藤」　一筆斎文調　1769年　東京都江戸東京博物館蔵　Image: 東京都歴史文化財団イメージアーカイブ）
瀬川菊之丞は路考茶と思われる色のきもので、江戸の評判娘である浅草寺の楊枝屋（柳屋）お藤を演じている。

現実のなかで新たに芽生えはじめた装いの好みを役者が取りあげ、流行が生まれたこともあります。江戸で人気のあった二代目瀬川菊之丞が舞台で身につけ、18世紀後半に流行した路考茶という色はその例です。18世紀後半には江戸を中心に新たな美意識が生まれ、女性、男性ともに渋い微妙な色調が好まれはじめますが、路考茶はその先がけとなりました。

●九代目市村羽左衛門と亀蔵小紋

(『絵本舞台扇』 一筆斎文調 勝川春章 1770年 国立国会図書館デジタルコレクション)
似顔で描かれた市村羽左衛門（亀蔵）のきものに散らした渦巻き文様が亀蔵小紋。

●団十郎好みの文様のきもの

(「王子稲荷初午祭ノ図」 三代歌川豊国 国立国会図書館デジタルコレクション)
鎌と輪とぬの字で「かまわぬ」と読ませる団十郎好みの文様の振袖の町娘。取り合わせた蝙蝠文様も、赤い下着の牡丹と瓢箪もすべて団十郎好み。

●合巻にみる役者似顔と役者文様

(『絵看板子持山姥』 山東京伝作 歌川豊国画 1815年 東京都立中央図書館特別文庫室蔵)
団十郎似顔人物のきものは「三筋格子」、ほおかぶりした手ぬぐいは「かまわぬ」文様。読み書きを学んだ子どもたちはこのような絵入り読み物を通して歌舞伎の世界と役者文様を楽しんだ。

50

19世紀にはいると、市川団十郎の「かまわぬ」、「三筋格子」、尾上菊五郎の「キクゴロ格子」、岩井半四郎の「半四郎鹿の子」をはじめ数々の役者好みの文様が登場し、人びとに親しまれるようになります。これには、人気役者たちが好みの文様を身につけた姿を似顔とともに描いた錦絵（多色刷浮世絵）や合巻（挿絵中心の小説）が大人から子どもまで広く愛好されたことも関係しています。

歌舞伎は子どもたちにも身近なものでした。19世紀初めに書かれた式亭三馬の小説には、流行の半四郎鹿の子についておしゃべりする女の子たち、芝居ごっこをして遊ぶ男の子たちが描かれています。

●錦絵にみる役者似顔と役者文様

（「音羽屋梅幸」 歌川国富　文政年間（1818〜1830）頃　たばこと塩の博物館蔵）
似顔で表現された菊五郎のきものは「キクゴロ格子」。似顔表現と役者文様の装いで歌舞伎役者の日常の姿を描いた錦絵が楽しまれた。

◆ 役者文様の例

高麗屋縞（松本幸四郎）
太い筋と細い筋を交互に配置した縦長の格子縞。

三筋格子（市川団十郎）
市川家の定紋「三升」にちなむ縦横3本筋の格子縞。

キクゴロ格子（尾上菊五郎）
4本筋、5本筋の格子と「キ」「呂」の文字でキ、ク、ゴ、ロと読ませる。

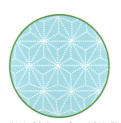

半四郎鹿の子（岩井半四郎）
浅葱色（薄い藍色）の麻の葉鹿の子。

51

VIII 庶民の服飾文化

【1】 働く人びとと旅人の装い

　江戸時代の衣服の基本であった小袖類（きもの）は一見活動に向かないようにみえますが、ゆるやかな作りなので融通もききます。職人の仕事ぶりを描いた絵には、きものの前をゆるく合わせ、あぐらをかいて作業をする姿もみられます。歩きやすくするために男性は「尻はしょり」（きものの裾をまくりあげて帯にはさむ）、女性は「小褄からげ」（裾の左右の角を帯にはさむ）をしました。農夫や漁師は腰丈の襦袢のような形の衣服を着ることもありました。脚部を出して働く人びとや旅人は膝から下をおおう「脚絆」や、腰から脚部を覆う「股引」（おもに男性用）を身につけました。

● 半天

　19世紀初めごろから江戸の庶民の男女に着られはじめたはおり物に「半天」があります。羽織に似ていますが、羽織とちがい脇に襠（幅をおぎなうための布）をつけない形で

● 鏡磨きなど（左）　錠前修理屋（右）
（喜田川季荘『守貞謾稿』1837年〜1853年頃　国立国会図書館デジタルコレクション）
着物を尻はしょりし、股引をはいている。鏡磨き職人は道具箱をふろしきで包み背負っている。錠前修理屋は腹掛をし、手ぬぐいを米屋かぶりにしている。

● 冬の外出姿
（「十二月ノ内　霜月酉のまち」三代歌川豊国　1854年　国立国会図書館蔵デジタルコレクション）
御高祖頭巾をかぶり半天を着た女性。抱え帯で裾をあげている。手ぬぐいを使い酉の市の土産物を手に提げている。

● 職人の腹掛
（喜田川季荘『守貞謾稿』1837年〜1853年頃　国立国会図書館デジタルコレクション）
屋外で働くことの多い物売りや職人はこのような紺木綿の腹掛を着込んでいた。

す。ふつうは木綿や絹地で仕立て、防寒用には綿入れにしました。男性は風の強い冬場の外出や火事場では革で仕立てた革半天も用いました。大工や左官などの職人は、紺木綿地の背に大きく店のしるしなどを染め抜き、腰にも屋号を示す文字文様などを染めた筒袖の印半天を着ました。遠くからもわかる印象的な「印（しるし）」は所属を示すデザインです。印半天の下には紺の腹掛をつけ、股引をはくのが、江戸時代の江戸の大工などのいでたちでした。

江戸の町火消の火消人足（とびの者）たちは組ごとに決まった文様と組の名を染めた印半天、長半天（丈長の半天）を着ました。火消の半天は、木綿を2枚重ねた袷仕立にして全面に紺の木綿糸で刺し子*をしたものです。これに、刺し子をした火消頭巾と股引をつけ、水をかぶり、火事場にはいりました。布を重ねて刺し子をすることで、たっぷり水を含ませることができたのです。命をかけて働く火消しの姿は「江戸の花」と讃えられました。

＊**刺し子** 補強と飾りのために布全体を糸で細かく刺し縫いすること。

●**餅つきをする人びと**
（「十二月之内　師走　餅つき」三代歌川豊国　1854年　国立国会図書館デジタルコレクション）
餅つきをする人びとは手ぬぐいをかぶっている。杵を振りあげる男性は印半天に股引。女性たちは前垂をしている。

●**火消装束**
（「江戸の花子供遊び二番組め組」歌川芳虎　1858年　国立国会図書館デジタルコレクション）
長半天に印半天を重ねた二番組め組纏持の姿。江戸では18世紀前期には町火消47組が組織され、組ごとに装束の柄が決まっていた。

●**刺し子頭巾**
（江戸時代後期　徴古裳・中村コレクション蔵）
頭部には綿を入れ、全面に刺し子をほどこす。

53

● 合羽

　雨天や旅行などには衣服の上から合羽を重ねました。合羽にはマント状の引きまわしと袖のついた袖合羽の2系統があります。庶民の合羽はおもに木綿製でしたが、和紙に油をひき防水性をもたせた桐油紙で作ったものが、旅行中の携帯用などには使われました。女性には19世紀にはいると女性専用の女合羽が着られたほか、旅行中の塵よけにゆかたも使われました。

● **半合羽、引きまわし、大ふろしき**
(『四時交加』 北尾重政画 山東京伝讃 1798年 国立国会図書館デジタルコレクション)
右の人物が着ているのが半合羽、中央の笠をかぶった人物は旅人らしく、引きまわしを着ている。家紋入り大風呂敷をかけた荷物が運ばれてゆく。

【2】ゆかた、手ぬぐい、ふろしき

● ゆかた

　ゆかたは古くは「ゆかたびら」(湯あみ用の「帷子」=裏地のないきもの)とよばれていました。江戸時代初めごろまでは蒸し風呂が一般的で、ゆかたびらを浴室でまとい、浴後には体をぬぐったりしました。その後、浴槽につかる入浴方法が一般化し、都市で銭湯が広まると、浴後の身ぬぐいに広く使われるようになり、ゆかたびらを略した「ゆかた」というよび方になりました。古い時代には麻布製でしたが、木綿が普及した江戸時代には木綿地のゆかたが広まりました。

　浮世絵をみると江戸では18世紀後半には、夏の夜に家の内外でくつろぐ時にゆかたを着るようになったようです。さらに19世紀初めごろには、江戸の庶民たちは夏の普段着としても着るようになりましたが、あくまで略式のものなので、ゆかたでの外出をはばかる意識もありました。京都や大阪ではゆかたと外出用の夏の木綿の単衣を区別しましたが、江戸では区別があいまいでした。

　江戸時代後期には、くつろぎや遊びの場面で着られたゆかたには、ふつうのきものとは違った遊び心のある文様が型染めや絞り染めで染められました。

● **ゆかたで体をふく女性**
(「色競艶婦姿　浴室」 鳥居清長　慶應義塾蔵)
入浴後、大きな絞り染めのゆかたで体をぬぐっている。

●柄を楽しむ夕涼みのゆかた
(「ゑん日の景」 歌川国貞 国立国会図書館蔵デジタルコレクション)
白地に藍でさまざまな印の形を染めたゆかた。ひるがえった裾の裏も同じ柄に染まっている。このようなゆかた地は、型紙を使い表裏両面に糊置きしてから染める、今日「長板中形」といわれる技法によるもの。

●手ぬぐいを利用した汗取り肌着
(「源氏五十四帖 夕顔四」 三代歌川豊国 1852年国立国会図書館デジタルコレクション)
2枚の手ぬぐいを十文字に重ねて使っている。

●鯉の瀧登り文様の手ぬぐい
(江戸時代後期 豊田コレクション蔵)
型紙を使い、生地の両面に糊置きしてから藍で染めた手ぬぐい。型染めゆかたも同様の方法で染めた。

●手ぬぐい

　手ぬぐいも古い時代には麻布製でしたが、江戸時代には木綿手ぬぐいが一般化しました。手ぬぐいは水きれをよくするため、布端を縫わず、反物を切ったままで使います。手ぬぐいは、その名のとおり本来、手や体をぬぐうための布ですが、江戸時代にはかぶり物としても使われ、何枚か縫い合わせて肌着やゆかたを仕立てることもありました。
　また、手ぬぐいにも絞り染め、型染めなどで文様を染めるようになります。芸人や店などがメッセージ性のある独自の絵柄の手ぬぐいを誂えて、贈り物にすることもありました。江戸時代後期には、手ぬぐいの文様を工夫して競い合う「手ぬぐいあわせ」という遊びもおこなわれました。

●ふろしき

　ふろしきはもともと、風呂場で敷いて脱いだ衣服を包むなどの目的で使う布を指しましたが、江戸時代には物を包む布の意味に変わりました。江戸時代のふろしきには丈夫で柔軟性のある木綿が多く用いられました。大きさは用途にあわせて大小さまざまあり、大きなものは蒲団などを包むのにも使われました。商人は荷物を運ぶのに店のしるしを大きく染めたふろしきを使いました。これには宣伝の効果もありました。

Ⅸ 衣服素材の広がりと衣生活のいとなみ

【1】絹・麻・木綿の生産と加工

生糸と絹織物

　地紋を織りだしたり、色糸を使い分けて文様をあらわすなどの高度な技術を必要とする絹織物は、江戸時代にはいっても、平安時代以来の伝統を受け継ぐ京都の西陣で織られていました。
　江戸時代前期までは、西陣の高級絹織物には、おもに中国産の輸入糸（白糸）が用いられていました。しかし17世紀末ごろからは幕府の貿易政策などから生糸の輸入が減ります。18世紀になると国内での生糸生産を増やす政策がとられ、養蚕が奨励されました。国産生糸は西陣だけでなく、地方の絹織物の原材料にもなりました。
　西陣で織られていた織物は、錦、繻子、緞子、繻珍、紗、金襴、モール、縮緬、紗綾、綸子など、高度な技術が必要なものがほとん

●繭から生糸を繰り出す作業
（『画本宝能縷』 勝川春章 北尾重政 1786年 国立国会図書館デジタルコレクション）
蚕を育て、生糸を取り、反物に織りあげるまでの様子を描いた絵本。この図は繭から生糸を引きだす作業。繭を湯に入れて、表面を覆うセリシンという物質を少し溶かして生糸を繰り出し、数本を合わせて糸にする。

●真綿づくり
（『画本宝能縷』 勝川春章 北尾重政 1786年 国立国会図書館デジタルコレクション）
繭を広げて真綿にする作業を描く。繭を煮てから、口を開けてていねいに広げて干す。真綿は薄くのばし、防寒用として小袖などの中に入れる。また真綿を引いて、細く紡ぐと紬糸になる。

●空引き機

(青岳泰翁遺稿　池田東籬亭校正　『呉服往来』「西陣織屋図」
国文学研究資料館蔵)
空引装置をつけた空引き機。助手が機の上にあがり、文様を織りだすために経糸を動かす空引き装置を手で操作している。

どです。このような織物を織るために、西陣では高機とよばれる織機が使われました。地方では、平織だけを織ることができる単純なつくりの地機という織機が用いられていましたが、高機による西陣の技術が地方にも取りいれられるようになっていきます。なかでも上州（今の群馬県）の桐生では、18世紀中ごろに西陣の技術を取りいれ始め、さまざまな高級絹織物を織りだすようになりました。また丹後縮緬、結城紬、八丈縞（45ページ）など今日まで続く特産絹織物が各地で織られ、幅広い層の人びとの需要を支えました。

綸子や縮緬などは白生地として織られ、あとから小紋や中形*（55ページの左図）などの型染め（60ページ下の図）や友禅染などで文様が染められ、小袖などに仕立てられました。阿波（今の徳島県）の藍、最上（今の山形県の一部）の紅花、南部（今の盛岡市あたり）の紫根など染料植物も商品作物として生産されました。

*中形　中柄の型染め。ゆかた地が代表的だが絹にも染めた。

麻織物

苧麻という植物の繊維をつないだ糸で織った麻布はたんに「布」ともよばれていました。苧麻は日本に自生し古くから栽培されており、麻布は、木綿が普及する以前は庶民の衣服材料の中心でした。江戸時代に木綿が広まってからも、麻布は夏物を中心に用いられました。このため苧麻も商品作物として栽培され、会津などが特産地となりました。また、これを仕入れて越後上布、奈良晒などの高級な麻織物が織られました。

●麻糸をつくる作業

(『百人女郎品定』　西川祐信　1723年　国立国会図書館デジタルコレクション)
苧麻を績む女性たち。苧麻の繊維をつなぐことを「績む」という。苧麻の繊維を乾燥させた青苧を細く裂き、糸の端を撚りこんでつないでゆく根気のいる作業。

木綿栽培と綿織物

　木綿は今日の感覚では絹や麻よりも身近な天然繊維ですが、日本ではこれらの繊維より遅く普及しました。木綿の伝来については、平安時代初期に三河（今の愛知県東部）に漂着した崑崙人が綿の種をもたらしたことが伝えられていますが、これは根付かなかったようです。しかし、15世紀になると朝鮮から木綿が輸入されます。国内でも15世紀末ごろには木綿栽培がおこなわれはじめ、16世紀には三河、伊勢、摂津（今の神戸と大阪の一部）ほか、関東より西の地域に広がってゆきました。

　江戸時代、木綿は商品作物として栽培され、綿、糸、織物に加工されて庶民層にも普及しました。木綿は麻にくらべて生産効率も良く、柔らかく保温性と吸湿性に富んでいます。木綿によって人びとは寒さをまぬがれるようになりました。

　一方、オランダ商船により、国産木綿よりも細くなめらかな糸で織られた上質の縞木綿がインドから輸入されました。このインド産縞木綿は唐桟とよばれて、繊細な縞柄が高く評価され、国産木綿の染織にも影響を与えました。西陣ではこれを模倣した桟留縞が18世紀前期には織られ、やがて各地でも縞木綿が織られるようになりました。18世紀半ば以降には、薩摩絣、久留米絣などの木綿絣＊が織られはじめます。また、白生地は、絞り、型染め、筒描＊＊などで染色加工されました。主要産地では幕末期になると問屋制家内工業や工場制手工業の形で綿織物が生産されるようになります。

＊**絣**　部分的に染め分けた糸（絣糸）を使い、かすれたような文様をあらわした織物。

＊＊**筒描**　筒とよばれる道具を使い、文様の輪郭線にあわせて糊を絞りだして、文様を染める染め方。友禅染もこの技術を用いている。

●オランダ船により輸入されたインド産木綿縞織物の見本
（「紅毛裂　奥嶋」『文政七年　申年紅毛船持渡反物切本帳』東京国立博物館蔵　Image：TNM Image Archives）

●地機で布を織る女性
（『大和耕作絵抄』　石川流宣　複製版『日本風俗図絵』第5輯
　国立国会図書館デジタルコレクション）
木綿栽培地域の農家では、女性は木綿を綿や糸にし、地機で織った木綿布を商品として販売した。

●高機が並ぶ機屋のようす

（岡田啓（文園）　野口道直（梅居）『尾張名所図会　後編巻五』「葉栗郡　結城縞織屋の図」 1880年　国立国会図書館デジタルコレクション）
江戸時代の終わりごろの尾張葉栗郡の機屋の様子。何台もの高機を置き、大勢の労働者が働く量産体制ができあがっている。工場制手工業の典型例。この地域には木綿縞の織屋が多くあり、各地方向けに大量の織物を生産した。

【2】舶来染織への注目

　オランダ商船により、唐桟のほかにも毛織物や更紗などが輸入されました。ラシャなどヨーロッパ産の毛織物は江戸時代を通じて輸入され、武士の陣羽織などのほか、火事羽織、袋物などにも使われました。

　インド産の更紗は植物や動物、人物、幾何学文様などを多色で染めた木綿の染め物です。インド更紗は世界のいろいろな国に輸出され、各地域の染色に影響を与えました。日本には江戸時代初期から輸入され、おしゃれな人びとが異国風のめずらしい文様に注目し、衣服や小物に取りいれました。

　国内でも型紙を使うなど独自の染め方を工夫し、輸入された更紗の柄や色の雰囲気を真似た和更紗が作られました。

●ヨーロッパ製の布でつくられた男性用の下着

（「更紗天鵞絨縁取下着」　江戸時代後期〜明治時代　徴古裳・中村コレクション蔵）
胴は赤地の捺染更紗、縁はペイズリーと草花文様の捺染ビロードを用いた男物の下着（下重ねのきもの）。いずれもヨーロッパ産とみられる。

●インド更紗で仕立てたきせる筒とたばこ入れ

（「印度更紗利休型女持ち懐中たばこ入れ」　たばこと塩の博物館蔵）

59

③ 呉服商の発展

江戸時代には織物の生産・流通が拡大し、呉服、太物商が発展しました。「呉服」は本来、絹織物を指し、麻と木綿は「太物」とよばれ区別されましたが、小売り呉服商は太物も扱うことが多くなりました。最大の消費地となった江戸には三井越後屋、大丸屋など大呉服商が進出しました。呉服商が扱う商品には生産地で加工された既製の染織品（仕入物）と、注文者が色や柄を指定して加工する別誂えの品があります。染め加工で仕上げる場合、とりわけ無地染めや型染めの誂えは広くおこなわれていました。

●呉服屋で反物を選ぶ女性
（「江戸名所百人美女 駿河町」 三代歌川豊国 1857年 東京都立中央図書館特別文庫室蔵）
呉服屋では反物を販売した。また染め加工などのオーダーにも対応した。

●型染めを注文する女性
（「時世粧菊揃 ちうもんをきく」 歌川国芳 国立国会図書館デジタルコレクション）
女性は型染めの見本帳をみて新しい着物の柄や色を決め、注文しようとしている。

●江戸の紺屋
（『職人尽絵詞』 鍬形蕙斎 1806年 和田音五郎模写 国立国会図書館デジタルコレクション）
左から長板に張った白生地に型紙をあて糊置きする職人、紋をいれる職人、藍染をする職人。ふろしきを提げた男は誂えの注文に来た呉服屋。

60

【4】衣服の手入れと裁縫

　木綿や麻の単衣は形のまま洗うこともありますが、きものは四角い布を縫い合わせた平面構成なので、基本的には縫い目をほどいて洗い、干す時には布目がゆがまないように伸子張または板張にしました。これを洗張といいます。ほどいて洗ったきものを再び縫いあげる際に裏地を取り替えたりします。

　日常の衣服管理には縫う作業が欠かせず、一般女性にとって裁縫を習うことは重要でした。仕立職人もいましたが、ふつうのきものは、反物からの裁断、仕立てを家庭でおこないました。裁縫は家庭で教えるほか、地域によっては裁縫師匠のもとに通わせる慣習があり、幕末期には少数ながら裁縫を教える寺子屋もありました。また、江戸時代には裁縫書も出版されましたが、内容は布の裁ち方、積もり方の説明で、縫い方を説明したものではありませんでした。

●洗張
(「洗張」歌川豊国　寛政末期　山口県立萩美術館・浦上記念館蔵)
手前は伸子張の様子。きものをほどき、布を反物のような状態に仮に縫いつなげてから洗う。伸子という竹を細く割った道具で布目を整えて乾し、これを再び縫いなおす。奥は板張の様子。

●きものの裁ち方
(『女万歳宝文庫』1841年　望月文庫　東京学芸大学附属図書館蔵)
女子用の往来物(教科書)の一部に実用知識としてきものの裁ち方が記されている(左)。布を裁つ時は裁物包丁という道具を使った(右)。

【5】古着のリサイクル

　さまざまな品物が再利用された江戸時代には古物を商う古手商とよばれる商売が発達し、古着は主要品目でした。古着は町に店を構えた古着屋で売られたほか、売り物を担いで売りに来る古着屋もありました。古着はほどいた布の状態でも売られました。小裂になってもさまざまなものに使い回したので、売り物としての価値があったのです。

●古着屋の店先
(『江戸職人歌合』「右　ふるきや」石原正明　1808年　国立国会図書館デジタルコレクション)
古着屋の店頭では縫われた状態の古着のほか、衣服をほどいた布も売られ、使い回された。

61

X アイヌと琉球

【1】アイヌの服装とアイヌ文様

アイヌは現在の北海道から樺太、千島列島にかけて古くから住んでいた人びとです。14世紀前後からアイヌ民族としての文化が確立されたとみられています。

北海道に暮らすアイヌ民族の代表的な衣服に「アットゥシ」、「チカルカルペ」、「チヂリ」などがあります。アットゥシは、樹皮（おもにオヒョウという木の内側の皮）からとった繊維を糸にして織った布で仕立てた衣服、チカルカルペとチヂリは17世紀以降に本州から入ってきた木綿で仕立てた衣服です。これらには、モレウ（渦巻）、アイウシ（鋭いとがりのある曲線）などアイヌ文化特有の装飾

●チヂリ
（「チヂリ」（刺繍文木綿衣）東北福祉大学芹沢銈介美術工芸館蔵）
木綿地に直接刺繍をして、モレウやアイウシを組み合わせた曲線文様をあらわす。

●アットゥシ
（19世紀〜20世紀初め　徴古裳・中村コレクション蔵）
襟まわり、袖口、背、裾に紺色の木綿布を切り伏せ（アップリケ）にし、その上から刺繍でアイウシとよばれる曲線文様をあらわす。

文様があらわされます。

アイヌの服装には、交易で入手した品々も用いられました。なかでも中国の清朝高官の龍文様の衣服は本州で「蝦夷錦」とよばれ、注目されました。

北海道は江戸時代末には幕府の直轄地とされていました。その後、明治政府により日本領とされ、アイヌの人びとに対して和人文化への同化政策がとられました。一方で、昭和時代前期になるとアイヌの造形は美術工芸として評価されはじめます。近年では伝統的なアイヌ文様にもとづく創作デザインも活発です。

【2】琉球の服装と染織

琉球は現在の沖縄諸島から奄美諸島にわたる地域です。15世紀に琉球を統一した尚氏は明（中国）と冊封＊という外交関係を結んでおり、また琉球では周辺国との交易がおこなわれていました。17世紀初めには、薩摩の島津氏が侵入し、琉球王国は薩摩藩の支配を受けるようになります。

複雑な政治的背景をもちながらも、各地との交流のなかで琉球王朝の服飾文化は形づくられ、さまざまな染めや織りの技法が発達しました。

近世の琉球の衣服の基本形は、男女とも丈長で小袖に似た衣です。襟を表に返す、袖口を広くあけるなどの点は小袖と異なります。

＊**冊封** 中国皇帝が他の国に対し君主と臣下という関係を結ぶこと。

●**王家の男性**
（『琉球風俗図』模本 国立国会図書館デジタルコレクション）
ハチマキと大帯をつけた按司（王族の男性）。

●**市場で古着を売る庶民女性**
（『琉球風俗図』模本 国立国会図書館デジタルコレクション）
女性は帯をせずに衣の胴回りを下着の腰紐へ押しこむ「ウチナンシー」という着方をした。

琉球王朝時代には身分による服装の約束事があり、宮中での正装は、男性は「ドウジン」とよばれる筒袖の丈の短い衣と袴の上に位ごとに定められた朝衣を着て、大帯をしめ、「ハチマキ」とよばれる冠をかぶります。女性はドウジンに「カカン」とよばれる裳をあわせた上に、広袖の衣をつけました。「紅型」という多色づかいの型染めの衣装は王家一門や上流士族女性が着ました。

明治維新後に、琉球王国は解体され、伝統的な装いは政府の風俗統一政策によりかたすみに追いやられます。一方で、大正から昭和時代前期には、紅型の芸術性が本土にも広く知られはじめます。今日、紅型をはじめとする琉球の染めと織りは、新たな芸術的価値をもつ作品として創作され続けています。

●**紅型の衣装**
（「霞に枝垂れ桜と梅菊文様紅型袷衣装」徴古裳・中村コレクション蔵）
表と裏で異なる文様の木綿地紅型で、リバーシブル仕立てにした衣装。裏地には流水に鶴、松、梅の文様が染められている。

● 監修者略歴

増田美子（ますだ・よしこ）

1944 年生まれ。岡山県出身。お茶の水女子大学大学院修士課程修了。学習院女子大学名誉教授、国際服飾学会前会長。主な著書に、『古代服飾の研究－縄文から奈良時代－』（源流社、1995 年）、『日本衣服史』（編著、吉川弘文館、2010 年）、『花嫁はなぜ顔を隠すのか』（編著、悠書館、2010 年）、『日本服飾史』（編著、東京堂出版、2013 年）、『図説日本服飾史事典』（編著、東京堂出版、2017 年）などがある。

● 著者略歴

大久保尚子（おおくぼ・なおこ）

1963 年生まれ。東京都出身。お茶の水女子大学博士課程単位取得退学後学位取得、博士（人文科学）。宮城学院女子大学生活科学部生活文化デザイン学科教授

主な著書、論文に、『江戸手拭』（共著、ピエ・ブックス、2007 年）、『江戸の服飾意匠－文芸、美術、芸能との交流と近代への波及』（中央公論美術出版、2015 年）、『文化における〈風景〉』（共著、翰林書房、2016 年）、『図説日本服飾史事典』（共著、東京堂出版、2017 年）、「江戸時代における絵本類の染織意匠への影響に関する一考察」（『美学』245 号、2014 年）、「豊田コレクションにみる戦時体制と手拭い制作」（『人文社会科学論叢』25 号、宮城学院女子大学、2016 年）、「朴沢学園裁縫教育資料の輪郭－教育史、生活文化史資料としての位置付け」（『仙台市文化財調査報告書』第 472 集、2018 年）などがある。

◎ 写真提供・協力（ページ掲載順、敬称略）

　国立国会図書館／金湯山早雲寺／高野山持明院／公益財団法人毛利奉公会／毛利博物館／霊鷲山長母寺／東京大学史料編纂所／春日大社／建勲神社／京都国立博物館／山口蓬春記念館／国立歴史民俗博物館／集雲山長興寺／豊田市郷土資料館／大雲山龍安寺／大阪府泉大津市立織編館／東京国立博物館／上杉神社／高野山成慶院／公益財団法人高野山文化財保存会　高野山霊宝館／銀峰山清水寺／鷲峰山高台寺／仙台市博物館／徳川美術館／東京都立中央図書館／文化学園服飾博物館／一般財団法人松井文庫／八代市立博物館／徴古裳・中村コレクション／女子美術大学美術館／株式会社クイーポ　クイーポ資料館／彦根城博物館／大阪市立美術館／友禅会／株式会社千總／京都府立京都学・歴彩館　京の記憶アーカイブ／丸紅株式会社／京都文化博物館／たばこと塩の博物館／山口県立萩美術館・浦上記念館／公益財団法人平木浮世絵財団／東京藝術大学／千葉市美術館／東京都江戸東京博物館／慶應義塾／豊田コレクション／国文学研究資料館／東京学芸大学附属図書館／東北福祉大学芹沢銈介美術工芸館

ビジュアル
日本の服装の歴史　②鎌倉時代〜江戸時代

2019 年 4 月 16 日　初版 1 刷発行
2020 年 3 月 6 日　初版 2 刷発行

監　修　増田美子
著　者　大久保尚子
発行者　鈴木一行
発行所　株式会社 ゆまに書房

　　　　東京都千代田区内神田 2-7-6
　　　　郵便番号　101-0047
　　　　電話　03-5296-0491（代表）

印刷・製本　株式会社 シナノ
本文デザイン　高嶋良枝

©Naoko Okubo 2019 Printed in Japan
ISBN978-4-8433-5219-9 C0639

落丁・乱丁本はお取替えします。
定価はカバーに表示してあります。